ユルゲン・ハーバーマス

ハーバーマス

●人と思想

小牧　治
村上　隆夫　共著

176

CenturyBooks　清水書院

まえがき

ユルゲン・ハーバーマス（Jürgen Habermas）は、現代ドイツを代表する哲学者・社会学者である。フランクフルト学派と呼ばれるマルクス主義的な学者集団に属する彼は、批判理論と呼ばれるこの学派の社会理論の発展を方向づけてきた。旺盛な研究意欲と驚異的な筆力によって、ハーバーマスは膨大な著作を執筆し、そのことによって第二次世界大戦後のドイツの哲学と社会学の発展にも大きな影響を与えてきた。さらに彼は、ドイツの政治的ならびに社会的な時事問題に関して、自らの批判理論の立場から新聞や雑誌に精力的に論説記事を発表し、ドイツの世論と政治動向にも大きな影響を与えてきた。その意味では彼は、たんに学者としてだけでなく、左翼的知識人の代表格として現代ドイツ社会の動向を規定してきたと言っても過言ではない。

しかし、このような広範な社会的影響にもかかわらず、ハーバーマスの著書とそこに述べられている思想は、きわめて難解なことで定評がある。なぜなら、彼の書く文章は、殆ど具体的な形象《イメージ》を喚起することのない抽象的な語彙によって綴られており、彼の思想はきわめて複雑な分節構造をもつと同時に、圧倒的とも言える視野の広さと体系性を備えているからである。彼が取り扱う主題の多彩さと、彼が批判的に検討する多くの思想家たちの多様な学説だけでも、百科全書的な性格が感じられる。本書では、ハーバーマスのこのような思想を、その広範さと多彩さにおいて、できる限り忠実に分かりやすく紹介することに心がけた。また本書では、ハーバーマスの思想の発展を、その複雑な論理構造をできる限り明確にするようなかたちで跡づけることを心がけた。

筆者（村上）は、一九九二年から九三年にフランクフルト大学に留学した際に、ハーバーマスの講義と演習に出席することができた。かなりの長身で、銀髪が印象的なハーバーマスは、その学識と学問的独創性だけでなく、その非の打ちどころのない紳士的な態度と温厚な人柄によっても、学生たちから強い支持を受け、深い尊敬を払われていた。親友で同僚の教授でもあるカール＝オットー・アーペルと二人で共同演習を行なう時の、なごやかで嬉々とした態度が特に印象に残っている。日本にも何度か訪れて、多くの学者・研究者と率直に討論し、多くの友人をつくったことも、むべなるかなと思われる人となりの人物であった。筆者は、簡単な挨拶を交すくらいの接触しかもてなかったが、本書を執筆する段になって、もっと積極的に接触すればよかったと悔まれる。

ハーバーマスの著書からの引用は、邦訳のあるものについては、基本的にその邦訳を使用させていただいた。ただし、口調や翻訳用語の統一をはかる必要などから、訳文に変更を加えた場合もある。伝記的事実についての記述の多くは、ロルフ・ヴィガースハウスの浩瀚《こうかん》な研究書『フランクフルト学派』の記述に負っている。

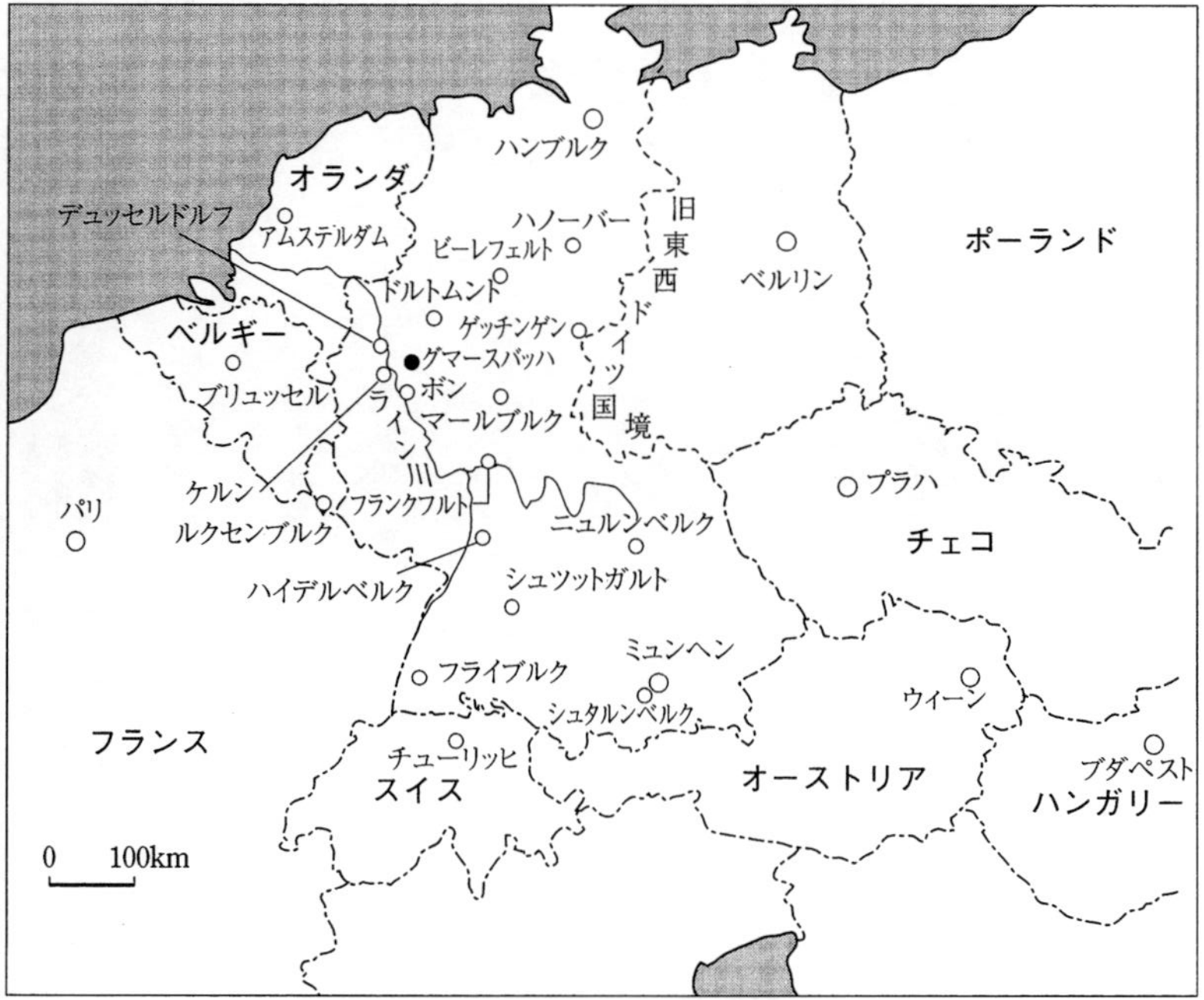
オランダ
デュッセルドルフ
アムステルダム
ハンブルク
ハノーバー
ビーレフェルト
ドルトムント
旧東西ドイツ国境
ベルリン
ポーランド
ベルギー
ゲッチンゲン
グマースバッハ
ブリュッセル
ボン
マールブルク
ライン川
ケルン
フランクフルト
プラハ
パリ
ルクセンブルク
ニュルンベルク
チェコ
ハイデルベルク
シュツットガルト
ミュンヘン
フライブルク
シュタルンベルク
ウィーン
フランス
チューリッヒ
ブダペスト
スイス
オーストリア
ハンガリー
0 100km

ハーバーマス関連地図

目次

I

ハーバーマスの軌跡

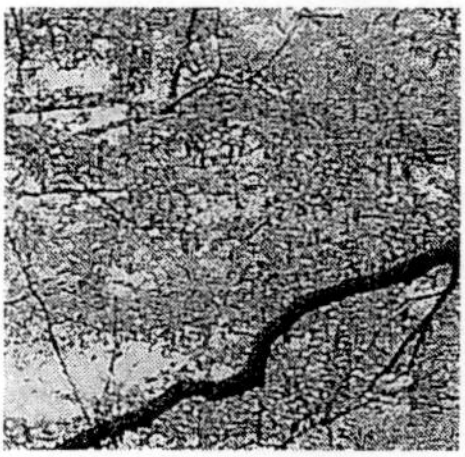

敗戦と祖国分裂

少年時代

ユルゲン・ハーバーマス（Jürgen Habermas）は、一九二九年の六月一八日にドイツ西部のライン川沿いの工業都市デュッセルドルフに父エルンスト、母グレーテの子として生まれた。彼が生まれたこの年は二〇世紀の節目の一つに数えられる年で、この年の一〇月二四日にニューヨークのウォール街で株価が大暴落し、金融恐慌が全世界に波及していった。そして、後に「暗黒の木曜日」と呼ばれたこの日を境にして、国際的な経済秩序は崩壊し、ヨーロッパではファシズムが急速に勢力を伸ばしていった。ドイツでは翌年の一九三〇年にアドルフ・ヒトラーの率いるナチス党が国会議員選挙で第二党に躍進し、ワイマール共和国は急速に崩壊していくことになった。すなわち一九三三年にはナチス党は政権を獲得し、一党独裁体制を敷いて、共産主義者やユダヤ人を迫害・追放し、ヨーロッパ征服を開始していくのである。ドイツ人はヨーロッパ全体を巻き込む未曾有の戦争と殺戮に向かって突進し始めていた。

このような状況のなかでハーバーマスはしばらくしてグマースバッハに移住して、そこで少年時代を過ごしたが、この町はケルン東方四〇キロほどのところにある小都市である。彼は当時の家庭環境について次のように語っている。「私はグマースバッハで、したがって小都市的な環境で育った。私の父はそこで商工会議所の会頭をしており、祖父はそこで神学校の校長と牧師をしていた。私の家庭での政治的な雰囲気は、おそらく当時としては驚くべきものではなくて、政治的な環境への市民的適応によって刻印されていた。この環境と完全に同一化してもいなかったし、さりとてそれを真剣に批判してもいなかった。」共産主義者やユダヤ人をはじめとして、ナチスによって体制から排除された人々に対しては、亡命や強制収容所送りといった苛酷な運命が用意されていたが、ルター派に属し、また比較的豊かな市民層に属していたハーバーマスの家族は、大きな抵抗もなくナチスの体制に順応していったようである。

一九三九年にドイツのポーランド侵攻によって第二次世界大戦が始まった時、ハーバーマスは一〇歳であった。グマースバッハのギムナジウムに入学した彼は、戦争中は他の少年たちと同じようにヒトラー・ユーゲントに組織され、戦局が悪化して連合軍の空襲が激しくなると、高射砲部隊の補助兵として動員され、学業を中断して兵役についたようである。「私は当時ヒトラー・ユーゲントに属していて、一五歳で西方防壁《ヴェスト・ヴァール》にいた。」彼はそう証言している。

少年時代のハーバーマス

悪夢からの解放

一九四五年五月七日にドイツは連合国に無条件降伏して、第二次世界大戦は終った。ドイツ人だけで六五〇万人を越える膨大な犠牲者が出て、ドイツの多くの都市は廃虚となり、人々はナチスの第三帝国の崩壊が残した瓦礫の山に茫然としていた。この時は、多くのドイツ人と同じように、ハーバーマスにとっても人生の最大の転機であった。「その時には個人的な生活リズムと歴史的な大事件が一致した」と彼は回想している。そして、当時一五歳だったハーバーマス少年がまず最初に感じたのは、戦争と全体主義という悪夢から解放されたという喜びであった。彼の言葉によれば、「一九四五年はまず最初は解放であった。ついでに言えば、私の記憶では天候はきわめて美しかった。私は全てのものを素直に、直観的に、美しいと感じた。」

しかし、生き残って明日も生活を続けられるという安堵の感情とともに、ドイツ人は、ナチスの体制が残した重い負の遺産にすぐに直面せねばならなかった。一一月になると、かつてナチス党が華やかな党大会を開いた都市ニュルンベルクで、ナチス・ドイツの戦争犯罪に対する国際軍事裁判が開始され、第三帝国の恐るべき暗黒面が明らかにされてきた。「われわれ自身の歴史が突然に光のなかに浸され、その光は全ての本質的な側面を衝撃的なかたちで別様に見せた。自分がそのなかで生きてきたものが政治的に犯罪的な体制であったということが、突然分かった。そのことを私は決して想像してみたことがなかった。」ハーバーマスは後にこのように回想している。ニュルンベ

連合軍の空襲で破壊されたドレスデン

ルク裁判についてラジオ放送が行なわれ、焼け残った映画館では、ユダヤ人を大量殺戮した強制収容所に関する記録フィルムが上映された。そしてナチス体制の実相についてのこれらの情報は、ハーバーマスの後の思想を方向づけるものとなった。「収容所の写真やニュースによる衝撃が私を襲った時、私は一六歳であった。これら全てのことにもかかわらず、回帰への不安のなかでわれわれは生き延びていくであろうし、また生き延びていかねばならない、ということを私は知っていた」と彼は後に回想している。

しかしドイツ人は全体として不思議な健忘症に陥ったような状態になっていた。つまり多くのドイツ人は、まるで催眠術を解かれた後のように、一九三三年から四五年にかけての歴史的な時間など存在しなかったかの如くに語り、ふるまった。ヒトラーの演説に熱狂した人々はどこかに消えてしまい、ナチスに関する忌まわしい記憶は抑圧されて忘却のなかに沈められてしまったかのようであった。そして、ハーバーマスも回想しているように、ニュルンベルク裁判の頃にさかんに上映された記録フィルムはすぐに全く上映されなくなり、また家庭内でもナチス時代のことは話題にされなくなった。ハーバーマスによれば、「われわれは、われわれ自身の衝撃を正面きって家庭内の対立へと転化させる屈託のなさを持っていなかった。」その当時のドイツの若い世代はまだ、彼らの両親の世代の歴史的責任を問題にすることができなかった。破局の衝撃はそれほどに大きく、ドイツ人が心に受けた傷はそれほどに深かったと言えよう。ユダヤ人の大量虐殺などに関する責任問題が家庭のなかでもあけすけに語られるようになるには、学生反乱の始まる六〇年代後半を待たねばならなかった。

それでも一九四五年を解放と捉えた若きハーバーマスは、ナチス時代の知的空白を埋める作業を活発に始めていた。すなわち彼は、ローヴォルト社によって出版され始めたナチス時代の発禁書や、ベルリンのソ連軍占領地区で印刷されていたマルクス＝レーニン主義に関する文献をむさぼるように読んでいた。そして彼は、戦後のドイツに作られる政治体制と社会体制が、少なくともナチス時代とは完全に断絶したものになると期待していた。しかし戦後のドイツはそのような道を歩んでは行かなかった。

分断国家への道

ナチス時代のドイツ第三帝国の領土は大きく三つに分割され、オーデル川とナイセ川以東の地域は、一九四五年のポツダム決議にもとづいて、ポーランドとソ連に併合され、その他のドイツ人居住地域は、エルベ川のあたりで東側のソ連占領地区と西側の米英仏三か国占領地区に分割されたうえで、連合国の合意のもとでそこにドイツ人の新しい国民国家が樹立されることになっていた。ところがソ連と西側諸国との厳しい対立のなかで、戦後のドイツはすぐに分断国家への道を歩み始めた。すなわち一九四八年三月に連合国ドイツ管理委員会からソ連が脱退したのをきっかけにして、六月にはロンドン会議において西側地区の統合と憲法制定手続きに関する原則が決定され、さらに立て続けに西側地区で通貨改革が行なわれた。こうして西側地区は政治的に分離・独立に向かい始めただけでなく、アメリカによるヨーロッパ復興計画マーシャル・プランにもとづいて、ドルに支えられた新しい通貨ドイツ・マルクを得て、自由主義陣営のなかで急速にその経済を発展させ始めた。この通貨改革に対抗して、ソ連による西ベルリンへの陸路封鎖が行なわれ、西側連合国は一九四九年の五月まで西ベルリンへの大規模な物資空輸を続けることになった。このような過程を通じて占領地区の暫定的な境界線はやがて国境線となり、一九四九年に、西側占領地区にはドイツ連邦共和国が成立し、東側占領地区にはドイツ民主共和国が成立して、ドイツは東西に分断されることになった。

フランクフルト学派

政治への失望

戦後になってギムナジウムに復帰したハーバーマスは、ドイツ連邦共和国が成立した一九四九年にギムナジウム卒業試験《アビトゥーア》に合格し、ゲッチンゲン大学などで学び始めた。そしてこの年に行なわれた最初の連邦議会選挙はハーバーマスに深い失望と強い怒りの感情を呼び起した。「私の最初の政治的幻滅は、最初の連邦議会選挙の際のゲッチンゲンでの選挙演説会だった」と彼は証言している。「私はできるかぎり多くの人々の演説を聞き、DVP（民主人民党）に属していたゼーボーム氏の演説を聞いた。選挙演説会は黒・白・赤の旗で飾られ、ドイツ国歌で締めくくられた。その時、私は或る感情の波に押し流された。私にはこのことが全く耐えられなかった。この連続性を体現する人が最初の閣僚になることが可能だとは思わなかった。」ハーバーマスがこの時に痛感したのは、新たに成立したドイツ連邦共和国とナチス・ドイツとの深い連続性であった。そして実際にこの連続性は、この年から一九六三年まで続いたコンラート・アデナウアー首相によるキリスト教民主同盟（CDU）の政権の基本的な性格であった。つまりそこでは、ナチス時代に大いに活躍したハンス・グロプケが政権の中枢を担ったことに端的に示されているように、責任問題を棚上げにして、多くの人々がナチス時代と同じように社会の各方面の要職に復帰した。こうしてナチス時代の責任問題を不問に付したうえで、西ドイツは、一方ではアデナウアー首相のもとで反共主義を掲げて、北大西洋条約機構（NATO）に参加して、再軍備に乗り出し、他方ではルートヴィッヒ・エアハルト経済相のもとで「奇跡の復興」と呼ばれた経済発展の道を突き進んだ。そして西ドイツにおいてナチス時代との決定的な断絶が起こらなかったことに対する失望と怒りが、ハーバーマスのその後の活動の政治的な方向を決定することになった。

すでに述べたように、ハーバーマスはゲッチンゲン大学を皮切りにして、さらにチューリッヒ大学とボン大学で哲学、心理学、ドイツ文学、経済学を学び、一九五四年にボン大学で博士号を取得した。その際の学位論文は『絶対者と歴史、シェリングの思想における分裂について』という表題で同年に出版されている。ハーバーマスが学んだ教授たちのうちで重要な人物として挙げられるのは、例えば、人文科学の基礎に関する哲学的理論家であったエーリッヒ・ロータッカーとテオドール・リット、さらに数学と論理学にも造詣の深かった実存主義哲学者のオスカー・ベッカーといった人々である。そして、彼らを始めとして、ハーバーマスが当時の大学で学んだ教師たちは、その殆どがナチス支持者か少なくとも順応主義者であった。あるいは、むしろ彼らは、ナチス時代など全く存在しなかったかの如く、一九二〇年代にすでに確立さ

西独首相コンラート・アデナウアー

れていた哲学的立場と学説をそのまま維持していたのである。この点で大学は戦後の西ドイツの状況を正確に反映していた。「大学は二〇年代からその連続性において途切れることはなかった。私にとって何らかの意味を持った教授たちは全て一九三三年以前にすでに教授であり、リットを例外として、一貫して教授であり続けた。それは多くの学科において…非政治的で殆どまさに自民族中心的なかたちでドイツ的な大学だったのであって、ドイツの大学で偉大な学問業績が現われた一九一〇年に正当であった意識を持っていた。」ハーバーマスは自分が学んだ教師たちと大学について このように語っている。しかしその当時の彼はこのような知的状況について政治的には大いに不満を抱いていたが、そのことは当時の彼の学問研究の方向に大きな影響を与えることはなかった。すなわち、学位論文に取り組んでいた頃までの彼にとっては、政治的信条と哲学的研究はまだ別々のものであって、両者は内的に必然的に関連したものであるとは考えられていなかったのである。

哲学の道へ

この点についての転機は一九五三年に訪れた。すなわち、この年にマルチン・ハイデッガー（一八八九〜一九七六）が彼の一九三五年の講義『形而上学入門』を当時そのままのかたちで出版したのである。一九二七年に『存在と時間』を発表して、ドイツだけでなくヨーロッパ全体にその哲学的名声を確立したハイデッガーは、疑いもなく「われわれの最も偉大な哲学者の一人」であった。しかし彼は、一九三三年のナチス党の政権獲得とほぼ同時期にフライブルク大学の学長に就任した折に、「ドイツ大学の自己主張」と題された就任演説を行なってヒトラーを讃え、さらにはナチス党の選挙演説会で応援演説を行なうというかたちでナチス党に積極的に協力したのであった。敗戦後にハイデッガーは連合国によって教授権を剝奪され、しばらく大学から追放されていたが、やがて復権し、ドイツの諸大学の哲学科においてふたたび大きな名声と影響力を回復していたのであった。そして戦後八年を経て出版された著書においてハイデッガーは、ナチスの政治について、「この運動の内面的な真理と偉大さを（詳しく言えば、遊星的な意味をもった技術と新しい時代の人間との出会いを）…」という表現を全く修正せずにそのまま使っていたのである。

このことに衝撃を受けたハーバーマスは、『フランクフルト一般新聞《フランクフルター・アルゲマイネ・ツァイトゥング》』に評論を発表して、問題提起を行なった。すなわち五〇年代のドイツ人は、ナチスが「この世紀の一般的な混乱状態から生じた漂流物で、何ら根を持たず、ドイツの伝統とは無縁」だと考えがちであるが、むしろナチスはドイツの伝統と深く関わっているのではないのか。そして、ハイデッガーがナチスに賛同したのは、たんに当時の状況に適応するという処世術にもとづくものではなく、むしろ彼の哲学の本質にもとづくものであって、彼の哲学のなかで「独自性を呼びかけ、頽落《たいらく》に反論するという思考形態は不動であった」が故に、一九三五年の講義録が今日そのままのかたちで出版されているのではないのか。ハーバーマスはこのように問いかけた。そして、このうち特に後者の問題が、ハーバーマスにとっては決定的な意味を持っていた。すでに述べたように、この時までは、彼にとって「政治的信条と哲学的信条は全く別のもの」であった。それ故に彼は、ナチズムをきっぱりと清算しない五〇年代の西ドイツ社会を政治的に批判しながらも、当時の大学の一般的な哲学的傾向に沿ったかたちで学位論文を書いたのであった。しかし、今や彼にとっては、政治的な立場と哲学的な立場は内的に不可分に関連していることが明らかになった。したがってナチズムや戦後の西ドイツの社会状況を政治的に正しく批判しようとするならば、当然それにふさわしい哲学的立場を確立せねばならないのである。「私はナイーヴだった」と彼は述懐している。

マルクス主義の再発見

こうしてハーバーマスは、ナチズムあるいはファシズムと全面的に対決する哲学的伝統を探し求めることになった。その際の手がかりを与えたのは、カール・レーヴィット（一八九七〜一九七三）が一九四一年に出版した『ヘーゲルからニーチェへ』であった。ハイデッガーの弟子でありながら、ナチスに反対して、ローマから日本を経てアメリカに亡命し、戦後に帰国したこの哲学者のすぐれた思想史的著作によって、ハーバーマスはカール・マルクス（一八一八〜一八八三）の青年時代の哲学思想を再発見した。つまり彼は、敗戦直後に故郷のグマースバッハの書店でマルクスとマルクス主義に関する書物に接していたのであるが、その哲学研究のなかでマルクスを等閑に付していたのであった。しかし今や彼は、マルクス主義の哲学的伝統こそ自分が依拠すべきものだと考えるようになったのである。その結果として彼は、一九五四年の学位論文に、マルクスを含む青年ヘーゲル派に関する序論を書き加えることになった。

そして、このような思考の流れのなかで彼は、一九五三年にボン大学の哲学部図書館でゲオルク・ルカーチ（一八八五～一九七一）の『歴史と階級意識』を発見して、これをむさぼるように読んだ。ハンガリーのブダペストに生まれたユダヤ系の哲学者・文芸評論家であり、一九一九年のハンガリー革命を指導した共産主義者でもあったルカーチが一九二三年に出版したこの著作は、西欧マルクス主義と呼ばれるヘーゲル主義的なマルクス主義の伝統を基礎づけたものであった。ハーバーマスの回想によれば、「それは私を非常に興奮させた。」そしてルカーチのこの作品はハーバーマスのその後の学問研究の方向を決定することになった。さらに、ルカーチがその基本的な枠組を与えたこの西欧マルクス主義の哲学的な前提を根底から批判して、これと訣別するために、やがて彼は悪戦苦闘することになったのである。

カール・マルクス

一九五五年になって、さらに決定的な出会いが訪れた。すなわち、ボン大学で学位を取った後、フリーのジャーナリストのようなかたちで新聞や雑誌に論説記事を書いたり、イデオロギー概念の研究のための奨学金を受けて学問研究を行なったりしていたハーバーマスは、この年にマックス・ホルクハイマー（一八九五～一九七三）とテオドール・W・アドルノ（一九〇三～一九六九）の『啓蒙の弁証法』を読んだ。この著書によってハーバーマスは、フランクフルト学派と呼ばれる西欧マルクス主義の潮流に接することになった。そしてやがて彼はこの学派の戦後の第二世代を担うことになったのである。

フランクフルト学派

フランクフルト学派の拠点は、もともとはフランクフルト大学の附属機関として一九二三年に設立された社会研究所（Institut für Sozialforschung）であった。一九一七年のロシア革命の影響を受けてマルクス主義に関心を寄せていたユダヤ系の富裕な商人の父子の資金援助によって設立されたこの研究所は、フランクフルト大学の社会哲学の教授だったホルクハイマーが一九三〇年にその所長となってから、哲学理論と社会科学的な実証研究とを結合させた独自な共同研究や、文芸評論や心理学などを含んだ綜合的な社会研究を展開して、批判理論と呼ばれる独特のマルクス主義思想の潮流を形づくることになった。また一九三〇年に研究所の機関誌として創刊された『社会研究時報（Zeitschrift für Sozialforschung）』は、研究所に属していた研究者たちの論文を掲載するだけでなく、ドイツ以外の諸国の研究動向を広く紹介していった。創設者がユダヤ系であったことから、この研究所の主要なメンバーはことごとくユダヤ系であったが、そのためにホルクハイマーはナチスの権力掌握を見越して、一九三一年に研究所の資金をオランダに移し、ヒトラーが政権についた三三年には研究所をスイスのジュネーヴに移し、翌年にはニューヨークに移した。そして彼は、一九三八年に正式に研究所に所属したアドルノらとともに、アメリカに亡命して、ニューヨークのコロンビア大学の附属研究所に所属して、研究所の活動を続けた。しかし、研究所をアメリカで存続させることはやがて困難となり、『社会研究時報』は一九四一年をもって廃刊となって、ここで社会研究所の歴史は一旦中断する。そして、一方では不安定な亡命生活に苦しみ、他方では祖国ドイツとヨーロッパの未曾有の破局を眺めながら、ホルクハイマーとアドルノは一九四一年からカリフォルニアで社会研究所と批判理論の挫折について理論的に総括することになった。その成果が、一九四七年にアムステルダムで出版された彼らの共著『啓蒙の弁証法』である。

ホルクハイマーとアドルノは、亡命先のアメリカでの生活になじむことができなかった。アメリカの社会科学研究は、彼らにとってはあまりに実証的で社会調査に偏っており、またアメリカの大衆文化は彼らの精神貴族的な趣味には合わなかった。そこで一九四九年になって、彼らは祖国ドイツへ帰還し、フランクフルト市民の熱烈な歓迎に迎えられて、ホルクハイマーはフランクフルト大学の正教授として、アドルノは員外教授として、哲学と社会学の講座を担当することになった。さらに社会研究所も再開されることになり、空襲で破壊された建物はフランクフルト市などの援助によって再建され、一九五一年からホルクハイマーを所長として研究所はふたたびその歴史を刻み始めたのであった。

　ハーバーマスは『啓蒙の弁証法』を読んだ時の感動を次のように回想している。「それから…一九五五年にホルクハイマーとアドルノの『啓蒙の弁証法』を読んだ。私がこの二人にすぐに魅了されたのは、彼らがマルクスを言わば受容しているのではなくて、そんなことを彼らは全くしていなかったが、むしろマルクスを利用しているということだった。マルクス主義の伝統に体系的に関わることができるということは、私にとって重大な経験だった。」こうしてフランクフルト学派の知的伝統に触れたハーバーマスは、やがてアドルノと面識を持つようになり、一九五六年にアドルノの研究助手として社会研究所に所属することになった。すでに『フランクフルト一般新聞《フランクフルター・アルゲマイネ・ツァイトゥング》』や『デュッセルドルフ商業新聞《ハンデルスブラット》』や『フランクフルト・ノート《フランクフルター・ヘフテ》』や『水星《メルクール》』といった新聞や雑誌に論説を発表し、さらにハイデッガーの『形而上学入門』に関する評論で注目されていたハーバーマスの文才に、アドルノは期待をかけたと言われている。

ホロコーストの傷跡

　しかし、いわゆるフランクフルト学派の一員となって社会研究所で活動し始めたハーバーマスは、すぐに研究所と批判理論に対して違和感をおぼえるようになった。彼は次のように証言している。「私は、まあそう言ってよければ、〝先人たち〟よりも若い世代に属するというだけでなく、彼らとは異なった経験をしてきてもいるのです。私は、例えば〔フランクフルト学派における〕最初の非ユダヤ人であり、ナチス時代にドイツで成長し、ファシズムの敗北をユダヤ人とは全く違った仕方で体験した者なのです。こういった理由からだけでも、私が批判理論に何の断絶もなく属していると考えることは不可能です。それに加えて、私が一九五六年にアドルノの助手になった時には、社会研究所のかつての知的栄光は、実はそこには残っていなかったのです。」そしてハーバーマスがここで述べている二つの要素は、やがて彼とホルクハイマーとの関係を決定的に悪化させることになった。

フランクフルト学派を担ってきたホルクハイマーやアドルノのようなユダヤ系のドイツ人にとっては、ナチスによるユダヤ人六〇〇万人の大虐殺《ホロコースト》の記憶は癒しがたい心の傷としていつまでも残った。一九五五年に出版されたエッセイ集『プリズム』のなかでアドルノは、「アウシュヴィッツの後で詩を書くことは野蛮である」と述べていたが、彼らユダヤ人にとっては、ナチス時代の後では世界の存在意味そのものが一変してしまっていた。大量殺戮の悪夢は、生き残ったユダヤ人たちを道徳的にもいつまでも苛み続けた。一九六六年に出版された主著『否定的弁証法』のなかでアドルノは、「偶然に魔手を逃れはしたが、合法的に虐殺されてもおかしくなかった者は生きていてもよいのか」という悲痛な問題提起をしている。

このような想いを抱いて戦後のドイツに帰還したホルクハイマーやアドルノは、当然のことながら、戦後の西ドイツ社会に対する警戒心を解くことはなかった。ナチス時代との連続性は彼らには、

マックス・ホルクハイマー

ハーバーマスの場合よりもはるかに深刻なかたちで示されていた。例えば社会研究所をフランクフルトに戻すという決定がなされた際の大学側の代表者だったクリンゲルヘッファー教授は、一九三八年に文化省が研究所の書籍を処分するよう命じた通達に署名した人物であったし、そもそも研究所を帰還させるべきだという勧告を出したゲルロフ教授は、一九三三年に学長として研究所を大学から切り離す決定に署名した人物であった。ホルクハイマーが一九四八年にパリでユネスコの国際会議において述べたように、「ナチスに関わりを持った者は誰でも、非ナチ化の手続きを加速させることもできたのであって、ただ同然の数千マルクの罰金を支払って、以前の地位へ直接に返り咲くことができたのであった。ナチス党に反対して生命を危険にさらすだけの道徳的気概を持った者で、現在の政府と大学に地位を得ている者は、ほんの僅かしかいないのである。」このようなわけでホルクハイマーもアドルノも、疑心暗鬼のなかでフランクフルトへ戻ってきた。そして彼らは、いざという時のために、ふたたびドイツを脱出してアメリカへ再亡命する準備をつねに整えていた。彼らは、アメリカの市民権を失わぬように、定期的にアメリカへ帰っていたし、特に用心深いホルクハイマーは、一九五八年からスイスのルガノ湖畔のモンタニョーラに居を構えて、週末になって公務から解放されると、万が一の用心のためにドイツから中立国へ出国していたのである。

さらにホルクハイマーとアドルノは彼ら自身の三〇年代の批判理論に対してもきわめて慎重な態度をとっていた。一九五一年にホルクハイマーが研究所を再開した時には、朝鮮戦争に中国共産軍が全面的な介入を開始しており、東西対立は最高潮に達しつつあった。そして西ドイツでもアデナウアー政権はすでに再軍備を決定し、再建されたドイツ軍をＮＡＴＯに編入して、西ドイツを反共主義の砦にしようとしていた。ひとつにはこのような政治的状況のために、ホルクハイマーはかつての批判理論のマルクス主義的な立場をふたたび鮮明にすることを慎重に避けていた。厳しい東西対立のなかでかつてのマルクス主義の旗をうっかり見せて、アメリカのうしろ立てを失なうならば、研究所はナチス時代のようにふたたび迫害の的になりかねない、と彼は恐れていたのである。そのためにこの学派のワイマール時代の知的な栄光は隠されてしまった。例えば『社会研究時報』の「完全な揃い《バック・ナンバー》は、研究所の地下室にあった釘付された木箱のなかに安全に保管されて、われわれの手の届かないようになっていた」とハーバーマスは証言している。さらにホルクハイマーとアドルノは大学での講義のなかでもかつての批判理論について語ることは全くなかった。ハーバーマスによれば、「…そもそも批判理論というものは、何らかのかたちでまとまった学説としては存在していなかった。アドルノは文化批判的なエッセイを書き、またヘーゲルの演習《ゼミナール》を行なっていた。彼は一定のマルクス主義的な背景を示していた。そういった状況であった。」しかし、かつての批判理論がこのように隠されていたことの背後には、やがてハーバーマスがそれについて理論的に考察することになるもうひとつの学問的な理由があった。すなわち、一九四一年に『社会研究時報』が廃刊になった時に、「この雑誌とともにこの理論の古典的な形態は崩壊した」のであって、批判理論の初期の構想は行き詰まり、その理論的な推進力は枯渇していたのである。

社会研究所の危険分子　すでに述べたように、非ユダヤ人として迫害《ポグロム》や大殺戮《ホロコースト》とは無縁の家族的背景をもつハーバーマスには、ホルクハイマーやアドルノのような民族的少数派に特有の猜疑心や用心深さはなかった。したがって彼は、ワイマール時代の批判理論の基礎となっていたマルクス主義思想について公然と論ずることを恐れなかったし、また当時の状況から見ればきわめて急進的な理論的立場をとることを躊躇しなかった。さらに彼は生来きわめて綜合的な傾向の思想家であって、かつてのアリストテレスやヘーゲルのように、広範囲にわたる多様な思想を百科全書的に綜合して、自らの思想体系を構築するという気質の持主であった。この点について彼は次のように証言している。「主観的には私は、教義《ドグマ》を作り出しかねないような〝認可済み〟のテクストだけをごく狭く選択するのではなく、もっと囚われない態度でさまざまな哲学的・科学的伝統を受け入れる人間だと思ってきました。私はまた、〔さまざまな哲学的・科学的伝統に〕まあ言ってみれば組織的に手を出すために、哲学ゼミナールの同年代の同僚からは、むしろ異分子として受け止められていました。」したがって彼は、フランクフルト学派に近い知的伝統のなかだけでなく、ナチスに同調したアーノルト・ゲーレン（一九〇四〜一九七六）やハイデッガーの弟子であったハンナ・アーレント（一九〇六〜一九七五）といった反共主義的な立場の思想家からもさまざまな知見を受け入れることを厭わなかった。このようなわけでハーバーマスは、ホルクハイマーの眼から見れば、社会研究所にとって二重の意味で危険分子であったと言える。すなわちハーバーマスは、その個人的背景からして、批判理論の本来の急進性をあけすけに表明するような人物であったし、またその個人的気質からして、異質な思想潮流からの知見によって批判理論の基本的な理論的枠組を粉砕しかねない人物であった。

フロイトとの出会い　一九五六年にホルクハイマーは心理学者のアレクザンダー・ミッチャーリッヒ（一九〇八〜一九八二）とともにジークムント・フロイト（一八五六〜一九三九）の生誕百年祭を組織した。この時にハーバーマスはこの精神分析学の創始者の思想の意義について知った。「…フロイトが真面目な学者として重きをなし、体系的にみのり豊かで発刺たる知的伝統をさえ創始していたということは、私にはようやくこの時、…始めて明らかになった」と彼は後に書いている。この催しを主催したミッチャーリッヒは戦後の西ドイツにおける精神分析学の第一人者としてフロイトの復権に尽力するとともに、戦後のドイツ人の精神構造を鋭く分析し、特にナチズムに対する一般の人々の記憶喪失症的な態度をカスパー・ハウザー・コンプレックスと呼んで痛烈に批判した。ハーバーマスはこのミッチャーリッヒを通してフロイトの思想を自らの批判理論のうちに受け入れていくことになった。またこの百年祭ではヘルベルト・マルクーゼ（一八九八〜一九七九）が亡命先のアメリカから帰還して講演を行なった。社会研究所のメンバーとしてホルクハイマーやアドルノとともにアメリカへ亡命したマルクーゼの講演に、ハーバーマスは魅了された。そしてしばらくして彼は、批判理論のさらなる発展の可能性をこのマルクーゼのフロイト主義的なマルクス主義のうちに見出そうとしたことがあった。この方針はすぐに放棄されたが、それでもこのマルクーゼは、フランクフルト学派のうちで、アドルノとともに、ハーバーマスが個人的に最も尊敬する親友となった。

研究所辞職

社会研究所でのハーバーマスの最初の大きな仕事は、学生の政治意識に関する社会調査研究で、その基礎となったのは、フランクフルト大学の学生に対して一九五七年に行なわれた大規模な面接調査であった。そしてそれは、研究所がそれまでに行なってきた『権威と家族に関する研究』や『権威主義的パーソナリティ』についての社会調査研究に連らなるものであった。その研究報告書『学生と政治』はハーバーマスが中心となって書かれたが、その急進的な内容がホルクハイマーの批判を受けて、一九六一年まで出版が延期された。この仕事と平行して彼は、一九五七年に「マルクスとマルクス主義をめぐる哲学的討論によせて」という長い論文を発表したが、それは戦後の社会研究所から現われた論文のうちでマルクス主義の立場を公然と表明した最初のものであった。ホルクハイマーはこの論文を読んで大いに危惧の念を抱き、ハーバーマスを早急に研究所から遠ざけるべきだと考えるようになった。そして彼は『学生と政治』のうちにもこの過激な論文とほぼ同じ理論的主張を発見して、その出版が政治的対立を引き起こすことを恐れたのであった。

このような仕事のかたわらハーバーマスは教授資格申請論文に取りかかった。そしてそれは、近代ブルジョワジーが形成した市民社会という公共的な空間とそこでの自由な政治的討論の意義を高く評価しようとする意図を持つものであった。またその研究は、ナチスに協力した政治学者カール・シュミット（一八八八～一九八五）の弟子であるラインハルト・コゼレックが一九五九年に出版した『批判と危機』や、ハンナ・アーレントが一九五八年に出版した『人間の条件』といった著作から啓発を受けたものであった。さらにそれは、従来の批判理論の根本的な弱点であるとハーバーマスが後に見なしたものを克服しようとする意図をすでに示していた。すなわち、後になって彼は批判理論の弱点を「規範的基礎」「真理概念と科学への関係」「民主主義的法治国家の伝統の過少評価」という三つの項目にまとめているが、この研究はこのうち最後の弱点を克服することを狙っていたのである。後のハーバーマスの言によれば、「…政治理論のレベルでは、かつてのフランクフルト学派はブルジョワ民主主義を本当に真剣に受け入れたことは一度もなかった。」教授資格申請論文はこの点を埋め合わせようとするものであった。彼は自分が連合国による戦後西ドイツの「再教育の産物」であることを認めていたが、この論文の主題にはそのことも示されていた。

アドルノはハーバーマスを高く評価しており、申請論文を受理する意向であったが、ホルクハイマーは難色を示し、受理について厳しい条件を課した。そのためハーバーマスは一九五九年に研究所を辞職することになった。こうしてホルクハイマーは研究所への脅威を取り除くという目的を達したわけである。彼はすでに前年にアドルノに宛てた書簡でハーバーマスについて次のように書いていた。「彼はおそらく作家として前途有望であるし、それどころか素晴しい前途を持っているだろうが、しかし研究所には大きな損害しかもたらさないであろう。」

アーベントロートとの出会い　こうして宙に浮いたかたちとなったハーバーマスの論文を引き受けて指導教官となってくれたのは、マールブルク大学のヴォルフガング・アーベントロート（一九〇六〜一九八五）であった。後にハーバーマスは評論のなかで彼のことを「パルチザン教授」と呼んでいるが、このアーベントロートは当時の西ドイツで唯一の公然たる社会主義者の大学教授であって、その経歴もまた異色のものであった。すなわち彼は、ナチス時代に社会主義的非合法活動を行なって逮捕され、政治犯や凶悪犯によって編成された第九九九懲罰旅団に配属されて

ヴォルフガング・アーベントロート

苛酷な戦闘を生き延び、戦後の東ドイツでも反体制活動を行なって内部人民委員部による逮捕を辛うじて逃れて西側へ亡命してきたのであった。一九五三年のハイデッガー批判の評論を読んでこの若い研究者に注目していたアーベントロートは、ハーバーマスの論文構想を高く評価し、論文は一九六一年に受理された。そしてこの年の十二月に彼はマールブルク大学で私講師として就任講演を行なった。またこの時の論文『公共性の構造転換』は、社会研究所とは関わりなく、ドイツ研究基金からの補助金を受けて、一九六二年に出版され、高い評価を受けた。

しかしハーバーマスはマールブルクで教壇に立つことはなかった。すでに論文が完成する前に、ハイデッガーの二人の傑出した弟子であるカール・レーヴィットと解釈学者のハンス＝ゲオルク・ガダマー（一九〇〇～二〇〇二）が彼をハイデルベルク大学へ招聘した。そしてハーバーマスは一九六二年に若冠三十三歳でハイデルベルク大学の教授となったが、これは当時としては異例のことであった。また、この間のハーバーマスに対する幅広い方面からの高い評価もまた、東西冷戦と西ドイツ社会に漲《みなぎ》る反共主義の空気のもとでは異彩を放つものであった。この時期に彼が執筆したマルクス主義に関する諸論文や、二つの大学で行なわれた政治思想に関する就任講演などは、『理論と実践』という表題の論文集にまとめられて、一九六三年に出版された。

実証主義論争と学生反乱

ウィーン学団との論争　一九六〇年代になると、西ドイツの状況は徐々に変化し始めた。破局によって「麻酔にかけられたようになっていた」虚脱状態と、過去に関する気まずい沈黙の状態から、人々はようやく解放されて、各々の政治的な信条や思想的な信条を言葉に出し始めた。そこには、西ドイツ社会が驚異的な経済成長を達成して、市民生活に安定と豊かさが戻ってきたという事情が反映していた。一九六一年には東西ベルリンの交通が遮断され、市の中心部に高い壁が築かれて、ドイツの分裂は深刻さを増していたが、それでも一九六〇年には実存主義哲学者のカール・ヤスパース（一八八三〜一九六九）が戦後の西ドイツの反共主義と復古主義をはっきりと批判し始めていた。さらにドイツ社会民主党（ＳＰＤ）は階級政党から国民政党への脱皮をはかり、一九五九年にはマルクス主義的な綱領を捨ててバート・ゴーデスベルク綱領を採択して、資本主義体制のもとでの政権獲得に向けて動き始めていた。

このような状況のなかで、社会研究所の批判理論をめぐって、ふたたび学問的な論争が開始された。フランクフルト学派は、ウィーン学団と呼ばれた実証主義学派の人々とすでに一九三〇年代から哲学と社会科学に関する論争を行なっており、それはフランクフルトとパリとニューヨークで両派の討論会というかたちで続けられていた。マルクスにしたがって理論と実践の統一を目ざすフランクフルト学派と、ドイツの社会学者マックス・ヴェーバー（一八六四〜一九二〇）にしたがって理論と実践の峻別を目ざすウィーン学団との間でワイマール時代から戦中にかけて行なわれた論争がこうして再燃し、ドイツの哲学と社会科学はようやく戦前の活気を取り戻した。そして、社会研究所を去った後も、アドルノと親交を続けて研究所との関係を保っていたハーバーマスは、この論争に参加して、自らの批判理論をさらに発展させていくことになった。

論争の発端は、一九五九年にベルリンで開催されたドイツ社会学会での応酬であった。そこでホルクハイマーは、社会に自己反省を促すことが社会学の使命であると主張したが、これを聞いたレネ・ケーニッヒは反論を行ない、そのような社会学は暴力と恐怖の政治に道を開くものだと警告したのである。次に一九六一年にテュービンゲンで開かれたドイツ社会学会において、ウィーン学団にごく近い立場にいた科学哲学者のカール・ポパー（一九〇二〜一九九四）とアドルノが各々社会科学の論理について報告を行ない、ラルフ・ダーレンドルフが「報告をめぐる討論への註解」のなかで、両者の主張の背後にある深刻な差異を指摘したのであった。ハーバーマスは、一九六三年にアドルノの還暦記念論文集に論文を寄稿してポパーを批判するというかたちで論争に参加し、ポパーを擁護するハンス・アルバートとの間でさらに論争を行なった。一般に実証主義論争と呼ばれるこの論争に関する主要論文は『ドイツ社会学における実証主義論争』という論文集にまとめられて、一九六九年に出版された。

多くの知的伝統に学ぶ　この実証主義論争にハーバーマスは最初からアドルノとは異なった立場から参加している。アドルノは、社会が全体として自己認識に達する反省の運動の一環として社会科学的認識というものを捉えることを特に主張するのに対して、ハーバーマスの方は、社会科学的認識を含めて一般に認識というものが言語による意思疎通《コミュニケーション》のうちに組み込まれているということを特に強調している。ハーバーマスは、ハイデルベルク時代に、彼をその地へ招いたガダマーの一九六〇年の主著『真理と方法』を読んで、解釈学の知見を吸収した。すなわち、人間は言語による意思疎通によって他者の思想を理解するというかたちで認識を行なっており、日常会話にかぎらず、過去の時代の文学作品や外国語で書かれたテクストやさまざまな形態の芸術作品などを理解する際に行なわれているこの独自な認識の仕方に自然科学的認識もまた依拠せざるを得ない。このことを彼は学ぶのである。また彼は、一九二二年の『論理哲学論考』によってウィーン学団に大きな影響を与えたルートヴィッヒ・ヴィトゲンシュタイン（一八八九〜一九五一）の後期の言語哲学から日常言語の理論について学んだ。それによれば、暗黙のうちに習得されて無意識のうちに集団的に保持されている言語的伝統にもとづく事前の了解が全ての意思疎通の前提をなしていて、命題のかたちをとった科学的認識もまた、日常言語を支えるこの事前の暗黙の了解にもとづいてはじめて、その真理性を主張できるのである。さらに彼は、学生時代からの親友カール＝オットー・アーペル（一九二二～二〇一七）からアメリカのプラグマティズムの知的伝統について学んだ。そしてこのアーペルによって戦後の西ドイツの哲学界に紹介されたプラグマティズムは、この論争以降のハーバーマスの思想の展開に決定的な影響を与えた。すなわち、プラグマティズムの創始者チャールズ・サンダース・パース（一八三九～一九一四）の科学論は実証主義論争においてポパーを内在的なかたちで批判する展望を彼に与えた。そして一般にプラグマティズムは彼に、理性的な認識と自由な討論との不可分の関係について理解させた。つまり、ヘーゲルの哲学にしたがってアドルノによって主張されていた理性的認識の弁証法的発展ということは、市民社会のような公共的空間における自由な論争の過程というかたちで民主主義的に理解されるべきなのである。「友人のアーペルに刺戟されて、当時の私はパースならびにミードとデューイを学びました。私は最初からアメリカのプラグマティズムを、マルクスおよびキルケゴール（一八一三～一八五五）と並ぶ、ヘーゲルへの第三の生産的解答として、言わば青年ヘーゲル派のラディカル民主主義的分技として理解しました。それ以来、民主主義理論の面でのマルクス主義の弱点を補うことが問題となる場合にはつねに、私はこのアメリカ版実践哲学に頼ってきました。」後にハーバーマスはこのように回想している。ただし、この論争の時期のハーバーマスは、このようなプラグマティズムの知見にもとづいて、ヘーゲル的な主観哲学の枠組を完全に放棄するところまでは行かなかった。すなわち彼は依然として批判理論の基本的な前提にもとづいて、社会科学が対象とする社会全体を一つの大きな主体と見なしていた。そして彼は、マルクーゼが一九五五年に出版した『エロスと文明』において示されていたようなフロイト主義的なかたちでこの社会の解放を規範的に根拠づけようとしていたのである。「…その時の私は、批判理論の実在主義的変種、すなわちマルクーゼ的変種にとりわけ親近感を抱いていた」と彼は証言している。

フランクフルト大学教授　実証主義論争は双方の議論の噛み合わぬままに一応の終結を迎えたが、ハーバーマスは実証主義に対する批判をさらに継続していった。そして、一九六四年になるとハーバーマスは、退官したホルクハイマーの後任としてフランクフルト大学の哲学と社会学の講座の教授となった。一九六〇年にホルクハイマーとアドルノの門下生としてフランクフルトで最初に教授資格申請論文を受理されたルートヴィッヒ・フォン・フリーデブルクが、ハーバーマスの後を追うように一九六二年にベルリン大学へ転出したこともあって、社会研究所が弱体化したため、アドルノはかつて庇い切れなかった弟子を改めてフランクフルトに呼び戻したといえる。フランクフルトでのハーバーマスの就任講演は「認識と関心」という表題で一九六五年の夏に行なわれた。後に一九六八年になって論文集『〈イデオロギー〉としての技術と科学』に収められたこの講演のなかで彼は、批判理論の知的伝統を継承していくことを宣言したうえで、フランクフルトでの自らの研究課題を明らかにしている。それによれば彼は、実証主義を批判するという課題を拡大して、全ての学問的認識を導いている関心を明らかにして根拠づけ、そのなかで批判理論自身を導いている関心にもその規範的な妥当性を与えようとしている。「研究過程の三つのカテゴリーに対して、論理的方法論的な規則と認識指導的な関心との特殊な連関が指摘される。それは、実証主義の陥穽《かんせい》をまぬかれた批判的学問論の課題である。経験分析的な学問の発端には技術的な認識関心が、歴史解釈学的な学問の発端には実践的な認識関心が、批判的に方向づけられた学問の発端には…伝統的な理論の底にすでに横たわっている解放的な認識関心が入り込む。」彼は自らの批判理論の体系構想をこのように説明している。

アドルノ(右)と談笑するハーバーマス(左)

学問の体系的基礎づけを目ざす　一九世紀にドイツ観念論を完成させたと言われるヘーゲル（一七七〇～一八三一）は、論理学と自然哲学と精神哲学の三部門のうちに全ての学問をまとめて体系的に基礎づける『エンチクロペディー』の構想を一九世紀初頭に打ち出して以来、その完成に努力し、一八一七年から三〇年にかけての時期にようやく自らの哲学体系として完成させた。すでに述べたように、ヘーゲルに似た体系的な志向をもった思想家であるハーバーマスもまた、自らの体系構想にしたがって全ての学問の百科全書的な体系的基礎づけを目ざして努力し、その成果は一九六八年になって就任講演の表題と同名の著作『認識と関心』として出版された。ハーバーマスの研究活動と密接に関係し、彼の著作の殆どを出版してきたフランクフルトのズールカンプ社のポケット版理論叢書の第一巻としてその劈頭《へきとう》を飾ったこの著書は、しかし多くの方面から厳しい批判を受けた。ハーバーマスが序文で述べているように、「この書物のなかでは、精神分析学が重要な位置を占めている」のであって、彼は「アレクザンダー・ミッチャーリッヒの指導の下で行なわれたジークムント・フロイト研究所の共同研究者たちの水曜討論から多くのことを学んだ」のであった。しかし、批判を受けるにつれて彼は、「『認識と関心』のなかで…精神分析と社会理論とを比較した」ことを誤まりとして認め、「一般に理論家が眼を開かせようとする名宛人とか社会それ自体とかを決して一つの巨大なる主体として考えてはならない」ということを肝に銘ずることになった。こうして彼は、やがてルカーチのヘーゲル主義的マルクス主義の枠組を放棄して、コミュニケーション的行為論への道を歩むことになるのである。その結果として『認識と関心』は、ヘーゲルの『精神現象学』がヘーゲルの哲学研究のなかで占めている位置と似たような位置をハーバーマスの哲学・社会学研究のなかで占めるようになったと言えよう。

学生反乱の季節

ハーバーマスがこうしてフランクフルトで批判理論の新たな体系的構築に努力している頃、西ドイツの政治的状況は対立の様相を深めてきた。すでに述べたように、ドイツ社会民主党（ＳＰＤ）がバート・ゴーデスベルク綱領を採択して現実路線に転換したことは、社会民主党と社会主義的な学生たちとの間に分裂をもたらし、やがてこのことが六〇年代後半からの学生反乱に道を開くことになった。そしてハーバーマスは、社会民主党と袂を分かった急進派の学生たちに期待を寄せ、その理論的指導者の役割を引き受けた。すでに彼は最初の理論的著作『学生と政治』のなかで学生の政治参加について考察し、さらに『公共性の構造転換』では現代の民主主義国家における市民の政治的関心の喪失を指摘していた。したがって彼は、議会外の批判勢力として政治批判と社会批判を行なう急進派の学生たちのうちに、自らの批判理論を政治的実践につなげる可能性を見ていたのである。

ＳＤＳの支援者

すでに社会研究所の理論家たちの批判理論の教説は、西ドイツの社会主義的な学生組織「社会主義ドイツ学生同盟」（ＳＤＳ）に影響を与えていた。そして一九五九年にドイツ社会民主党（ＳＰＤ）がバート・ゴーデスベルク綱領を採択してから、ＳＰＤとＳＤＳとの関係は急速に悪化し、一九六〇年にはＳＰＤ執行部はＳＤＳ以外の学生組織も支援すると決定し、「社会民主主義大学連合」（ＳＨＲ）を作って、ＳＤＳの排除に乗り出した。これに対してハーバーマスは一九六一年一〇月にアーベントロートと共に「SDSの支持者と後援者と元同盟員の社会主義的支援組織」を結成して対抗した。「SDSがSPDから排除された後、私はアーベントロートと共に社会主義者同盟を設立した三、四人の教授の一人だった。それはSDSのOB組織だった。」彼はそう証言している。その一か月後にSPDはSDSの正式追放を発表した。すでに六〇年代の初頭から「ドイツ学生同盟」（VDS）とともに大学改革に向けて活動していたSDSは、こうして政党との繋がりや大衆組織を欠いた議会外野党として、やがて学生反乱で指導的役割を果たすことになった。そしてハーバーマスはこのSDSの支援者・理論的助言者として学生反乱の季節を迎えたのである。

SPDによるSDS排除に対してハーバーマスが闘かっている頃、すでにSPDはキリスト教民主同盟（CDU）とその姉妹党のキリスト教社会主義同盟（CSU）との大連立に向けて秘密協議に入っていた。そして、一九六六年の連邦議会選挙の後、大連立が成立し、SPDのウィリー・ブラントが外相兼副首相として入閣した。戦後ずっと保守政権と対立してきた急進派の知識人や学生はこの時にSPDに絶望して離れていった。ハーバーマスとSDSの動きはこの流れを先取りしたものであった。そのためにSDSは、SPDから離反して既成政党との繋がりを失った反体制派の知識人や学生たちの大きな拠り所となったのであった。

学生反乱の尖鋭化　六〇年代の到来とともにすでに始まっていた政治的な動きは、過去のナチス時代との連続性に対する公然たる批判というかたちで燃え上がってきた。一九六五年には戦時中に公的機関によって行なわれたユダヤ人への殺人行為に刑法上の時効を認めるか否かについて、連邦議会をはじめ国中で活発な議論が行なわれた。時効期限はまず一九六九年まで四年間延長され、次いで六九年にはこの件に時効は適用されないことが定められた。そしてさらにアウシュヴィッツでのユダヤ人の大量虐殺について一九五八年に始まった裁判に有罪判決が下され、戦後すぐに上映された強制収容所の記録フィルムがふたたび人々に示された。そして今度はドイツの若い世代は眼をそむけなかった。「…六八年世代は、両親だけでなく年長の人たち一般に対して、家族内やテレビ番組などで面と向かって〔ナチスの過去に対して〕釈明を求めた最初の世代であった」とハーバーマスは語っている。さらに彼はインタヴューのなかでこの時期について次のように証言している。「…一九六〇年から六七年までの…時代は抱卵期であり、文化面での出来事、知的刺戟、制度化されない公論が政治的な重要性を増していった時代だった。」

学生の政治的意識が尖鋭化してくるにつれて、かつて一九一八年から一九年にかけて共産主義革命を体験した哲学者たちが表舞台に登場してきた。エルンスト・ブロッホ（一八八五〜一九七七）は、この革命の時からルカーチの親友であり、ワイマール共和国時代からアドルノとも親交のある哲学者で、戦後は東ドイツのライプチッヒで教えていたが、一九六一年から西ドイツのテュービンゲンで教壇に立っていた。このブロッホが一九五四年から五九年にかけて出版した大著『希望の原理』が六〇年代になって左派の知識人・学生の心を捉えた。彼が一九六五年一月にフランクフルトで行なった講演「実証主義・観念論・唯物論」は大盛況であった。しばらくして学生反乱の指導者となるルディ・ドゥチュケの親友でもあるこのブロッホは、その神秘主義的なマルクス主義によって学生反乱の知的指導者の一人となった。もう一人はヘルベルト・マルクーゼであって、一九五六年のフロイト百年祭にドイツへの知的帰還を果たしたこの哲学者は、フロイトの衝動理論によって批判理論を規範的に根拠づけた一九五五年の『エロスと文明』や、ユートピア主義を力強く主張した一九六四年の『一次元的人間』によって、学生反乱の知的指導者となり、左派の学生たちの偶像となった。一九六六年五月にマルクーゼはフランクフルト大学においてSDS主催の集会でアメリカのヴェトナム戦争に反対する基調講演を行なったが、ハーバーマスもそこに出席していた。そしてこの集会の後で行なわれたヴェトナム戦争反対のデモ行進はそれまでで最大のものとなった。この時からハーバーマスはマルクーゼと特に親しい友情の絆で結ばれることになった。しかし彼は、マルクーゼやブロッホの古典的なマルクス主義思想が左派の学生たちに与えた影響には強く反発することになった。

「左翼ファシズム」

その翌年、一九六七年から学生反乱の嵐が巻き起こった。「それに続く学生運動は誰も予感もしなかった爆発だった」とハーバーマスは証言している。そのきっかけを与えたのは、非常事態に際してこれまで連合国が持っていた権限をドイツ連邦政府が行使するための非常事態法案であった。冷戦下の西ドイツにおいては、この法案は、国民の基本的人権を否定して、アメリカの同盟国として東側に対する戦争に参加する道を開くもののように、左翼の知識人や学生には思われた。ヤスパースもこの法案に反対し、ハーバーマスは一九六六年の論説でヤスパースを支持していた。そして六月二日に当時の西アジアにおけるアメリカの最大の同盟国だったイランのパーレビ国王夫妻が西ベルリンを訪問した時に行なわれた学生デモにおいて、ベノ・オーネゾルクという学生が警官に射殺された。この事件が発火点となって、学生の抗議運動が全国に広がり、多くの大学でストライキが行なわれ、街頭では警官隊と学生との衝突が毎日のように繰り広げられた。学生たちは西ドイツの戦後体制を根本から批判し、大規模な社会改革と特に旧弊な大学の改革を求めた。

六月九日にオーネゾルクの葬儀がハノーヴァーで行なわれた時に、ベルリン自由大学の学生自治会はそこで集会を開いたが、それは大学内の左派にとって最初の全国的な大会となった。招待されたハーバーマスは演説を行なって、学生の抗議運動のもつ社会的機能を説明して、その採るべき戦術を提案した。それによれば学生の直接行動はあくまでも一般市民の政治的討論を喚起するための合法的な示威行動に限定されるべきであった。これに対して真向うから彼を批判したのは、SDSの学生指導者ルディ・ドゥチュケであった。東ドイツで反体制活動を行なって西側に亡命し、ベルリン自由大学の学生であったドゥチュケは、すでに一九六四年に破壊活動集団に参加しており、このグループはSDSの内部に自分たちの組織を作ろうとしていた。ドゥチュケは、高度に発達した資本主義体制の下で蓄積されてきている全く新しい潜勢力を解き放って革命を呼び起こすために、その起爆剤として暴力と破壊を含む断固たる行動を学生に呼びかけて、ハーバーマスと対立した。自分の演説を終えて会場を離れようとしていたハーバーマスは引き返してドゥチュケを厳しく批判し、暴力行為によって国家権力の暴力を挑発しようとするドゥチュケの戦術を「左翼ファシズム」と呼んで、学生に自重を呼びかけた。後に彼は、この言葉が無用の誤解を生んだことを認めて撤回したが、その当時この言葉は有名になり、SDSに属する学生たちの多くはハーバーマスを批判する側についた。「SDSの指導部が私と腹蔵なく語るということは、一九六七年の中頃にはなくなった。…ハーバーマスは学生の抗議運動から現実に遠ざかっているというイメージがその頃生まれた」と彼は回想している。

フランクフルト大学辞職　学生の反乱はさらに拡大していった。オーネゾルクの死から一か月後には、ベルリン自由大学にマルクーゼが招かれて、学生との討論が行なわれた。一九六八年の四月にはドゥチュケの暗殺未遂事件が起こり、学生たちは右翼的な大衆新聞『形象《ビルト》』の発行元のシュプリンガー社を封鎖したりした。ドイツの諸都市における争乱の激しさはワイマール共和国の末期を思わせると言われた。五月になってパリで左翼政党や労働組合によってゼネストが呼びかけられると、それに呼応してSDSもゼネストを呼びかけ、大学占拠がドイツ全土に波及した。フランクフルト大学も占拠され、その名称はゲーテ大学からカール・マルクス大学に変更された。警官の導入によって大学占拠が解かれた後、六月一日にハーバーマスはフランクフルトでの学生集会で演説し、学生反乱が根本的な社会変革をもたらす可能性を持つことを再確認した。たまたま彼は、六七年から六八年にかけてニューヨークの「社会研究新大学《ニュー・スクール・オブ・ソーシャル・リサーチ》」に客員教授として招かれて、ハンナ・アーレントの政治哲学やアルフレート・シュッツ（一八九九〜一九五九）の現象学的社会学を学んだ折りに、その頃かの地で頂点に達していたヴェトナム反戦運動と黒人暴動について見聞してきた。その経験から彼は、学生たちが暴力をたんに象徴的な意味で用いて行なう市民的不服従という戦術の有効性も認めた。しかし彼は、大学を占拠して教室に赤旗を掲げることを国家権力の奪取と無邪気に同一視したり、先進諸国での学生反乱を発展途上国での民族解放闘争と単純に連動させたりする学生たちの闘争理論の粗雑さを厳しく批判し、国家権力を挑発するための暴力遊戯の危険性について再度警告した。

一九六八年から六九年にかけて学生反乱の最後の波が起こり、フランクフルトでは大学改革を求めて学生たちが大学を占拠した。占拠された社会学部はスパルタクス学部と改名され、そこでも哲学部でも学生たちによる討論が連日行なわれた。そしてハーバーマスはそこをよく訪れて、学生たちと接触していた。しばらくして学長はハーバーマスを呼び、警官隊の導入による学生排除の方針を告げた。学生たちがこれらの学部の建物から事前に退去したのは、ハーバーマスの努力によるものと言われている。一方アドルノは、学生反乱に対しては、限定つきながらハーバーマスよりも好意的な態度をとっていて、その点ではマルクーゼに近かったが、この時期にハーバーマスとは対照的な対応を行なった。つまり、社会学部棟から締め出された学生たちが一月末に討論のための場所を求めて社会研究所の建物に入った際に、彼は即座に警官隊を呼んで学生たちを逮捕させたのである。すでに述べたように、ユダヤ系のアドルノの心にはナチス抬頭期における暴徒化した民衆の姿が焼きついていたから、この時の彼の態度には大いに同情すべき点がある。しかし、反体制派の教授たちがともに闘わないことを学生たちが裏切りと見なして批判するなかで、四月になってアドルノの講義が学生たちによって妨害されたことには、彼のこのような対応が影響していた。上半身裸になって乳房を見せて教壇に上がった女子学生によってアドルノの講義が妨害された逸話は特に有名になり、彼が八月にスイスの保養地で心臓発作から急死したことは、この事件に結びつけて話題にされた。

学生反乱の発端となった非常事態法はすでに一九六八年五月に連邦議会で可決されており、六九年になると学生反乱は潮が引くように沈静化してきた。ハーバーマスが援助してきたSDSも実体を失って、一九七〇年には正式に解散してしまった。そして彼は、当初から理論的主題としてきた学生と政治の問題に関する批判理論のこの間の理論的・実践的な挫折を総括するようなかたちで、フランクフルト大学を辞職した。すなわち一九七一年にハーバーマスは、南ドイツのミュンヘン郊外のシュタルンベルクにある「科学的・技術的世界の生活条件研究のためのマックス・プランク研究所」の所長に転出したのである。

ドイツの秋

マックス・プランク研究所所長　シュタルンベルクの研究所におけるハーバーマスは、一九六八年の『認識と関心』に示されていたような研究計画をふたたび取り上げた。すなわちそれは、この著書において批判された部分を根本的に修正するというかたちで、体系的で百科全書的な社会理論を構築するという計画であった。そしてその際の作業は、かつての六〇年代の実証主義論争を新たに保守主義論争というかたちで継続することを通じて行なわれた。今回の論争における論敵は、アーノルト・ゲーレン、ハンス・フライヤー（一八八七～一九六九）、ヘルムート・シェルスキー（一九一二～一九八四）といった保守主義的文化批判者たちであり、特にシェルスキーの弟子で社会システム論を唱えるニクラス・ルーマン（一九二七～一九九八）であった。

すでに六〇年代からこれら保守主義の理論家たちは、フランクフルト学派の強力な競争相手であった。そのなかでシェルスキーは最も断固たる保守主義者であって、市民の政治的な意志決定にかわって専門家の科学的・技術的な制御によって合理的に運営されるシステムへと社会を編成していくことを現代社会の必然的な傾向として積極的に評価していた。

論敵ルーマン

ニクラス・ルーマン

このシェルスキーは、六〇年代の半ばにルーマンをドルトムントのミュンスター大学の研究センターの所長に抜擢し、さらにビーレフェルト大学の社会学教授に招聘した。ルーマンはもともとは公務員であったが、六〇年代初頭にアメリカに留学して社会学者タルコット・パーソンズ（一九〇二〜一九七九）に構造的機能主義の社会学を学んで帰国した後、パーソンズの思想を継承するかたちで社会システム論を構築して、ハーバーマスにとって最も強力な論争相手となった。なぜならルーマンは、ハーバーマスと同じように社会を全体として理論的に捉えようとする野心的な試みを、実証主義の知的伝統に従いながら独創的なかたちで行なっていたからである。そしてこのルーマンとの理論的な対決を通じて、ハーバーマスは自らの包括的な社会理論としてコミュニケーション的行為論を形づくっていくことになったのである。

ルーマンとハーバーマスとの論争は、一九七二年に『社会理論か社会テクノロジーか、社会研究を導くものは何か』という表題の論文集として出版された。そこに収録されたハーバーマスの諸論文には、それ以前から書きためられてきて論文集『社会科学の論理によせて』の一九七〇年の第一版と一九八二年の増補版に収められた諸論文の場合と同じように、一貫して一つの方向性が示されている。すなわち、ハーバーマスによれば、社会というものは人間たちの意思疎通《コミュニケーション》によって構成されているものであり、しかもこの意思疎通のうちにはつねに必然的に討議《ディスクルス》あるいは討論《ディスクルス》の要素が含まれている。そしてこの討論のなかで社会構成員たちはさまざまな事柄について理性的な合意を目ざしており、こうしてそのつど実現される合意によってのみ意思疎通は維持され、社会は機能していくのである。そして社会がどれほど合理的に組織されているかは、社会システム論の言うように、たんにその社会がシステムとして外的環境にどれほど適応しているかによって評価されるだけでなく、何よりもまず、この討論《ディスクルス》による理性的な合意がどれほど実現されているかによって評価されるべきなのである。この討論の概念によってハーバーマスは、教授資格論文で展開された市民社会の公共性の概念をふたたび取り上げることになった。なぜなら討論が本来的なかたちで自由に行なわれるようになるのは、近代の市民社会内部に形成された公共的空間においてだからである。

意思疎通の構造解明へ

討論《ディスクルス》を含むこのような意思疎通《コミュニケーション》の構造をさらに明らかにするために、ハーバーマスはさまざまな思想潮流から批判的に学んでいく。まず彼は、現象学者のエドムント・フッサール（一八五九〜一九三八）と彼の弟子のアルフレート・シュッツから生活世界という概念について学ぶ。すなわち意思疎通は、それに参加する人間たちがすでに前以て所有している自明的な知識に依存している。意思疎通に用いられる言語的ないし非言語的な発話や身振りがもつ意味と、それによって意味づけられる日常世界の構造について前以て形づくられた暗黙の合意に支えられて、意思疎通は可能となり、またこうして行なわれた意思疎通は逆にこの暗黙の合意を形づくっていくのである。こうして意思疎通が行なわれる公共的な空間として、それに参加する者がつねにすでにそこにいる自明で日常的な世界が生活世界である。

この生活世界を特徴づけている暗黙の先行知の問題について、ハーバーマスはガダマーの解釈学に学びつつ、ガダマーを批判する。アーペルやガダマーと共著で一九七一年に出版された論文集『解釈学とイデオロギー批判』に収録された諸論文で、彼はガダマーの功績を高く評価する。すなわちガダマーは、日常の意思疎通《コミュニケーション》において他者の言葉を了解することや、さまざまな時代のさまざまな言語によるテクストを読解することによって新たな認識が得られるという解釈学的経験を解明したが、その際に彼は、このような認識がつねに生活世界に関する暗黙の先行知による先取り的な理解によって行なわれることを示したのであった。ハーバーマスはこのことを大筋で認めるが、しかし彼は、この暗黙の先行知が文化的伝統に内在する必然的な先入見として批判の手の届かぬところにあるというガダマーの主張を批判する。ハーバーマスによれば、生活世界を構成している暗黙の先行知は、特定の文化的伝統を批判するというかたちでつねにその妥当性が討論《ディスクルス》によって批判的に吟味されうるものなのである。

そして意思疎通《コミュニケーション》に内在している討論《ディスクルス》の可能性を明らかにするために、ハーバーマスは、すでに研究していた後期ヴィトゲンシュタインの言語哲学に加えて、J・L・オースティン（一九一一〜一九六〇）やジョン・サール（一九三二〜）の言語行為の理論から知見を吸収し、意思疎通《コミュニケーション》における了解の普遍的な条件を解明する普遍的語用論の形成に努力する。すなわちそれによれば、社会を形づくっている意思疎通《コミュニケーション》は多くの場合はコミュニケーション的行為として行なわれている。このコミュニケーション的行為とは、たんに相手の意思を理解するだけではなく、話し手の発話行為にもとづいて、その意思を理解したうえで聞き手が一定の行為を行なうという相互行為である。そしてその場合に聞き手がその行為を行なうのは、話し手の言葉を理解しただけでなく、その言葉に納得して合意したからであって、もしその点に何らかの疑念があるならば、納得と合意を目ざして特に討論《ディスクルス》が行なわれるのである。ハーバーマスは、一九七六年の論文「普遍的語用論とは何か」のなかで、発話された事柄の妥当性がこのように討論されうる三つの領域を区別している。それは、㈠命題が意味している外的世界についての真理性に関する領域と、㈡社会的相互関係における規範の正当性に関する領域と、㈢発話者の内面の表現の真実性に関する領域である。そしてパースのプラグマティズムは、自然科学の論理を、このうち外的世界についての命題の真理性をめぐる組織的な討論の過程の論理として明らかにしたものであるとされた。この里程標的な論文は、後になって『コミュニケーション的行為の理論のための予備研究と補論』という大部な論文集に収められて、一九八四年に出版された。

ヴェーバー研究

　こうしてハーバーマスは、七〇年代の思索を通じて徐々にコミュニケーション論的転回を行なっていった。そして、保守主義論争におけるルーマンとの論争を通して、コミュニケーション的行為という概念を手に入れた彼には、さらに取り組むべき三つの問題が現れてきた。それは、コミュニケーション的合理性の問題と、社会を二分する二つの領域としてのシステムと生活世界との対立関係という問題と、近代化と啓蒙という問題である。なぜなら、一方でコミュニケーション的行為においてつねに提起されている妥当性要求がますます自由な討論《ディスクルス》によって解決されるようになってくるということと、他方ではコミュニケーション的行為にかわって戦略的行為によって支えられる市場や国家機構のようなシステムが増大してくるということが、ヨーロッパ社会における近代化と合理化の内実をなしており、それ故に包括的な社会理論はこれらの問題を解明せねばならないからである。ここから彼にとっては、これらの問題に先駆的に取り組んで研究した歴史学者・社会学者としてのマックス・ヴェーバーの仕事が重要なものとなってきた。「…シュタルンベルクの…研究所に移ってから…初めて私は、集中的なヴェーバー研究をも始めた」と彼は証言している。

対話に宿る理性

　さらにこのコミュニケーション論的転回によってハーバーマスは、フランクフルト学派の批判理論のマルクス主義的前提を完全に放棄することになった。彼が批判理論の弱点と見なしていた「規範的基礎」と「真理概念と科学への関係」と「民主主義的法治国家の伝統の過少評価」のいずれもが、コミュニケーション的行為の理論によって克服されうると、彼は考えるようになった。こうして六〇年代の実証主義論争と学生反乱の挫折の経験を経て、ようやくハーバーマスは、ソ連や東ヨーロッパの共産主義国家を支えてきたマルクス主義の中枢部分を解体することに成功した。ホルクハイマーやアドルノをも呪縛してきたルカーチのヘーゲル的なマルクス主義の主観哲学的な枠組は放棄され、こうして戦後の西ドイツ社会に残ったマルクス主義の知的伝統は、その専制主義的な要素を完全に払拭されて、西側世界の自由主義的で民主主義的な政治文化のうちに組み込まれた。合理性を体現する理性というものは、自己を産出する巨大な主体と見なされた社会の孤独な自己対話《モノローグ》としての反省のうちに宿っているのではなく、自由に討論する多くの主体としての市民たちの意思疎通《コミュニケーション》という対話《ディアローグ》のうちに宿っていると結論されたのである。

『コミュニケーション的行為の理論』　こうして批判理論のマルクス主義的前提と訣別したハーバーマスは、資本主義社会の批判というマルクス主義の一つの伝統的な課題と、人類の歴史発展の過程全体を理論的に説明しようとする史的唯物論としてのマルクス主義のもう一つの伝統的な課題が、このコミュニケーション的行為の理論という新たな枠組からいかに解決されうるのかという問題に取り組んだ。その成果が、一九七三年の『後期資本主義における正当化の問題』と一九七六年の『史的唯物論の再構成にむけて』である。前者の著書においてハーバーマスは、ゲーレンやシェルスキーやルーマンを批判しながら、現在の社会体制を正当化するものを、生活世界における市民たちの自由な討論による規範的な合意から、技術的専門家《テクノクラート》によるシステムの巧妙なる制御に置き換えていこうとする彼らの主張のうちに、現代の後期資本主義体制の危機を読み取ろうとしている。また後者の論文集においてハーバーマスは、マルクスの史的唯物論の構想を修正して、労働過程という下部構造における生産力の発展のみを歴史の原動力と見なすのではなく、意思疎通《コミュニケーション》によって媒介された相互行為の制度的枠組としての上部構造における法と道徳の自立的な変化のうちにも歴史のさらなる原動力を見ようとしている。その際に彼は、児童の道徳意識の発達に関するフランスの心理学者ジャン・ピアジェ（一八九六～一九八〇）とアメリカの心理学者ローレンス・コールバーグ（一九二七～一九八七）の発達心理学の成果を取り入れている。

ハーバーマスは一九七〇年の論文集『社会科学の論理によせて』の序文のなかですでに、一九六八年の『認識と関心』を「コミュニケーション的行為の理論にいたる第一歩」として位置づけていた。そして彼は、学生反乱以後の七〇年代におけるこのような研究過程を経て、一九七七年頃から『コミュニケーション的行為の理論』の執筆を始め、ようやく一九八一年にこの二巻本の主著を出版した。この著作は近代的な社会科学の全ての分野を百科全書的に体系づけて基礎づけるとともに、これらの社会科学の社会理論を総括するものである。すなわちそれは、一方ではすでに述べたように、ヘーゲルの『エンチクロペディー』の社会科学版とも言える業績であると同時に、他方では古代ギリシャ哲学の完成者アリストテレス（前三八四～前三二二）が『形而上学』において古代ギリシャの自然哲学の歴史について行なったのと似たようなことを、近代ヨーロッパの社会科学に対して行なおうとしたものだと言うことができる。なぜならこの著作のなかでハーバーマスは、フランクフルト学派の批判理論を含めて、近代の全ての社会科学の社会理論の成果を批判的に摂取し、綜合して、乗り越えようとしているからである。

テロの激化とアカ狩り　ハーバーマスが『コミュニケーション的行為の理論』のための研究を続けている頃、ドイツの社会情勢は、彼自身の表現によれば、「怨念とルサンチマンに培われた反革命」の方向へと動いた。その一つのきっかけを作ったのは、すでに学生反乱の高揚期にハーバーマスが警告した左派の暴力的な挑発であった。すなわち大衆を反体制運動に動員することに失敗した学生活動家の一部はテロ活動を激化させていった。弁護士のアンドレアス・バーダーとジャーナリストのウルリーケ・マインホーフを中心としたいわゆるバーダー・マインホーフ・グループは、一九六八年にフランクフルトで放火事件を起こし、さらにこの事件で逮捕されたバーダーを武力によって刑務所から脱獄させると、武装組織「ドイツ赤軍派」（ＲＡＦ）を結成して、武装闘争を展開した。このような状況のなかで一九六九年に社会民主党（ＳＰＤ）と自由民主党（ＦＤ

P）の小連立政権の首相となった社会民主党のウィリー・ブラントは、各州の首相たちと共同歩調をとって一九七二年に過激派条例を制定し、過激派を西ドイツの基本法に従わぬ者として教師と官吏の職から追放する政策を実行した。素行調査・信条調査が行なわれ、この条例の基準に該当した教師や官吏は解顧され、学生は公職に就く道を閉ざされた。こうして六〇年代後半の解放的な春めいた雰囲気は急速に暗い晩秋の雰囲気に変っていった。このアカ狩りの状況のなかで、孤立した赤軍派はテロ活動をますます激化させ、一九七七年の四月には連邦検察長官ジークフリート・ブーバックとその運転手が、さらに七月にはドレスデン銀行の頭取ユルゲン・ポントが殺害された。そしてついに一〇月にはドイツ工業連盟会長ハンス＝マルチン・シュライヤーが誘拐され、ほぼ同時にルフトハンザ機が乗っ取られて、ソマリアのモガジシオ空港に強制着陸させられて、シュライヤーと飛行機の乗客・乗員の命と引きかえに、服役中の赤軍派メンバーの釈放が要求された。この大事件の衝撃は、ドイツ特殊部隊によるルフトハンザ機への奇襲攻撃による犯人グループの全員射殺と人質の解放、その報復としてのシュライヤーの殺害、さらにはその直後の刑務所独房でのバーダーら三人の赤軍派メンバーの不可解な同時自殺によって、その頂点に達した。

ドイツの秋

すでに六〇年代末の学生反乱の頃からフランクフルト学派は、荒れる左翼学生たちの思想的な後見人として有名になっていたが、この年に吹き荒れたテロリズムの嵐のなかで、フランクフルト学派に対する公然たる非難・攻撃が始まった。シュライヤーが殺害された一〇月に、バーデン＝ヴュルテンベルク州の首相ハンス・フィルビンガーとヘッセン州のCDU党首アルフレート・ドレガーは各々公式の場で、フランクフルト学派がテロリズムの一つの原因であると激しく非難した。そしてこれを合図にドイツの学会の右派からも批判理論への攻撃が相次ぎ、大衆紙『形象《ビルト》』は左翼的知識人一般への憎悪をかき立てた。非合法的な暴力への非難は、合法的手段による社会改革を目ざす左派をも一括して集中攻撃の標的とした。

これに対してハーバーマスは、『鏡《シュピーゲル》』誌や『水星《メルクール》』誌といった雑誌に論説を発表して、フランクフルト学派がワイマール時代の経験からして直接的な暴力を否定してきた伝統を持っていることを指摘して反論した。そしてさらに彼は、西ドイツの基本法第一八条を拡大解釈して、体制に批判的な立場の教授たちを大学から追放するというかたちで市民の基本権を制限することは、ファシズムにふたたび屈服することであると警告した。ハーバーマスがさまざまな機会に論説や評論やインタヴューなどのかたちで行なった発言は『政治小論集』にまとめられて継続的に出版されているが、これらの論説は、そのうち一九八一年に出版された『政治小論集Ⅰ—Ⅳ』のなかの「ドイツの秋」と題された章に収められている。彼が一九八〇年にフランクフルト市からテオドール・アドルノ賞を授与されたのは、このような反動的な空気のなかにおいてであった。

そして翌年の一九八一年にハーバーマスは、内紛によって存亡の危機に立たされていたシュタルンベルクの研究所を辞職することになった。ハーバーマスにとって学生反乱以後の七〇年代は、批判理論のうちにわずかに命脈を保っていたマルクス主義的な革命理論が最終的に清算された一〇年であった。そしてそれは、彼の主著『コミュニケーション的行為の理論』において批判理論の主観哲学的な基礎に対する決定的な批判というかたちで行なわれるとともに、かつては彼自身が支援していた左翼的学生たちの暴力主義的な革命路線の無惨な敗北というかたちで示された。

歴史家論争とドイツ統一

フランクフルト大学復職

一九八一年にマックス・プランク研究所を辞職したハーバーマスは、すでにこの年のうちに古巣のフランクフルト大学に復職することを予定していた。同年に行なわれたインタヴューのなかで、彼は次のように述べている。「私はおそらくフランクフルト大学に行くことになるでしょう。そこでの私の義務がどれくらいの時間を許すことになるのかはわかりませんが、近代《モデルネ》の理論に関する一連の講義を計画しています。」そして彼は一九八三年の四月にフランクフルト大学に帰還して、講義を再開した。シュタルンベルクの研究所の所長となった時に、ミュンヘン大学は彼に名誉教授の称号を与えることを拒否していたが、このことからも窺われるように、一般にドイツの大学は、特に一九七二年から八二年まで施行された過激派条例に象徴されるような反動的な時期には、ハーバーマスのような左派の学者には警戒していて、彼を受け入れる所はフランクフルト大学しかなかったようである。「他の大学では非常勤教授という周辺的な立場でさえ受け容れられないという滑稽な状況」について、彼は「講義の開始にあたっての所感」のなかで語っている。そして彼はドイツのこのような一般的な状況を批判している。「ドイツでは、例えばマックス・プランク研究所の所長であったり、大学教授であったり、その他の何であっても、それと同時にマルクス主義者であることはない。これがない限り政治的文化の様相は自由主義的《リベラル》ではない。」

近代《モデルネ》‐未完のプロジェクト　こうしてフランクフルトに戻ったハーバーマスは、すでに八一年に予告していたように近代《モデルネ》に関する理論に本格的に取り組むことになった。すでに彼は、一九八〇年にアドルノ賞を贈られた際に、「近代《モデルネ》‐未完のプロジェクト」と題する講演を行なっており、そこで近代の啓蒙主義が掲げた合理化という歴史的課題をさらに継承して発展させるという意図を表明していた。そして彼は『コミュニケーション的行為の理論』において、ヨーロッパ社会の近代化と啓蒙の歴史的過程のなかで形成されてきたコミュニケーション的合理性という原理を自らの批判理論の新たな規範的な基礎としていたが、今回の研究課題はこのことにもとづいていた。そして講演「近代《モデルネ》‐未完のプロジェクト」のなかで、近代主義を批判する新たな思想潮流の代表者として挙げられていたジョルジュ・バタイユ（一八九七～一九六二）、ミシェル・フーコー（一九二六～一九八四）、ジャック・デリダ（一九三〇～二〇〇四）といったフランスの思想家たちが論争相手として狙上に挙げられた。連続講義というかたちで示されたこの批判的研究は、『近代の哲学的ディスクルス』という表題の著書にまとめられて、一九八五年に出版された。また近代の合理主義を廻るこの同じ問題意識から、「二〇世紀の哲学の主要な傾向としての脱形而上学的思考、言語論的展開、理性の状況化、実践に対する理論の優位の逆転」といった事柄のうちに示されている近代的でコミュニケーション的な理性概念を理論的に擁護する試みが行なわれた。これは、一九八八年に『ポスト形而上学の思想』という表題でまとめられた論文集に収められた諸論文に示されている。

ワルシャワ蜂起の犠牲者に黙禱する西独首相ウィリー・ブラント

東西分断の克服

すでに述べたように、一九六九年に成立した社会民主党（SPD）と自由民主党（FDP）の連立政権は、たしかに一方では左翼のテロリズムとの対決のなかで、「ドイツの秋」と呼ばれたアカ狩りの風潮を作り出したが、しかし他方では民主主義の徹底化を目ざして、さまざまな内政改革を行なった。ハーバーマスが久しく求めてきた大学改革も行なわれて、広く国民各層に大学教育を受ける道がともかくも切り開かれた。学生反乱の時の学生たちの異議申し立てが受け容れられてきたのである。「…学生運動はドイツ連邦共和国の政治文化にとってひとつの節目となった」こと、「一九六九年は政治文化が柔軟化し、生活様式や人間関係が自由になり始めた時」であったこと、そして「当時のウィリー・ブラントの政治はこうした契機なしにはおそらく理解できない」ことをハーバーマスに後に証言している。またこのブラント政権は外交においてもいわゆる「東方政策」を六九年末から精力的に展開し、ソ連と東ドイツとの間で領土問題などの懸案を解決して、東西ヨーロッパの対立と分断を克服する作業を続けていった。しかもこの過程で、一九七〇年にブラントがワルシャワのユダヤ人居住区跡《ゲットー》で一九四五年のワルシャワ蜂起の犠牲者にひざまずいて黙禱を捧げたことに示されるように、ナチスによる戦争と虐殺の責任に正面から向き合おうとする努力がこの政権のもとで行なわれていった。これもまた、学生反乱において戦前の世代に対して若者たちが行なった公然たる批判がもたらした成果であると言えた。

右傾化への批判

しかし七〇年代のこのような政治的潮流は、ハーバーマスがフランクフルトに復帰した頃に、ふたたび方向を変えた。すなわち、一九八二年に社会民主党(SPD)の首相ヘルムート・シュミットにかわってキリスト教民主同盟(CDU)のヘルムート・コールが首相となって保守政権が成立すると、政治的潮流は全体として右寄りになり、特にナチズムを含むドイツの過去の負の遺産に対する宥和《ゆうわ》的な姿勢が目立つようになった。そしてこのような政治文化の傾向に対して、八〇年代のハーバーマスは批判の鉾先を向けることになった。

一九八一年に発足したアメリカのレーガン政権は、ソ連との間で軍備拡張競争を開始し、核戦争の脅威がヨーロッパの人々の不安をかき立てていたが、そのような情勢のなかでアメリカのパーシングII型の中距離核ミサイルの西ドイツへの配備を廻って、一九八二年に西ドイツでは反核デモが空前の盛り上がりを見せた。このデモに対する保守派の批判に対してハーバーマスは、「市民的不服従―民主的法治国家のテストケース」や「法と暴力―ドイツ的トラウマ」といった論説において、学生反乱の経験を総括したうえで、アメリカの政治哲学者・倫理学者ジョン・ロールズ（一九二一〜二〇〇二）の理論を参照しながら、市民的不服従という非合法的な抗議形態がひとつの政治文化として承認されるべきであると主張している。彼によれば、そのことは、民主主義という政治体制の道徳的基盤を維持するために、不可欠のことなのである。

歴史家論争

さらに、共産主義陣営に対するこのような敵対的な気分を利用して、ナチス時代を含む過去のドイツを復権させようとする新保守主義と呼ばれる思想傾向に対しても、ハーバーマスは批判の論陣を張った。すなわち、一九八五年に西ドイツを訪問したレーガン大統領は、ナチスの武装親衛隊員が埋葬されているビットブルクの軍人墓地を訪れ、そこでドイツとアメリカの退役将官たちが握手を交すという和解の儀式が演出された。これに対してアメリカやヨーロッパ各地で主にユダヤ系市民による抗議行動が行なわれた。この出来事に対してハーバーマスは「過去の廃棄処理」と題する論説を発表して、「ドイツの連続性を再び確立しようという願望」を強く批判した。

続いてハーバーマスは、一九八六年に「一種の損害補償」と題する論説を発表して、当時のドイツの歴史学界に見られる自国民の歴史に対する「弁護論的傾向」を批判したが、これは多くの論者を巻き込んだ「歴史家論争」に発展して、翌年まで多くの方面で論争が行なわれた。論争の一方の当事者である修正主義的な歴史学によれば、現代の産業社会において疎外されている人々に対して確固とした自己同一性《アイデンティティ》という心理的基盤を与えるためには、彼らが自分の属する民族の歴史に誇りを持つ必要があり、歴史学はこの実践的な目的に奉仕せねばならない。このように「伝統的な自己同一性を国民の歴史を軸にして修復するという目的に、修正主義的な歴史記述を奉仕させようとする」試みに対して、ハーバーマスは反対する。「…ドイツにおいてこそ我々は、ドイツ人の手で殺された人々への苦悩への追憶を…目覚めさせておく義務がある」と彼は主張する。そして彼によれば、アウシュヴィッツ以後のドイツ人は、自国民が陥った道徳的破局を見据え続けることを通してしか、伝統をわがものとすることはできないのである。また「我々を西側から離反させない唯一の愛国主義」は、「普遍主義的な憲法理念への信念にもとづく」「憲法愛国主義」であって、これは「アウシュヴィッツ以後」の産物なのである。

大著『事実性と妥当性』　一方で時事問題についてこのように発言を続けながら、他方でハーバーマスは『コミュニケーション的行為の理論』を補完するかたちで理論的作業を続けていった。すでに述べたように、『コミュニケーション的行為の理論』では、㈠外的世界の認識の真理性と、㈡社会的相互関係を律する規範の正当性と、㈢発話者の内面の表現の真実性という三種類の妥当性要求に関わる討論《ディスクルス》の領域が、近代化とともに明確に区別されてくると述べられていた。そして彼は、すでに一九六八年の『認識と関心』のなかでパースのプラグマティズムについて論ずるというかたちで真理性の問題を取り扱い、さらに一九八五年の『近代の哲学的ディスクルス』のなかでニーチェの美学理論に触発されたポスト近代主義者たちの思想について論ずるというかたちで真実性の問題を取り扱った。したがって彼は、最後に残された規範的な正当性の問題をコミュニケーション的行為の理論にもとづいて論ずるという仕事に取りかかるのである。

倫理や道徳や法律の規範的な妥当性を廻る諸問題を、コミュニケーション的行為を支える討論《ディスクルス》によって取り扱われて解決される問題として解明しようとするハーバーマスの努力は、一九八三年に出版された論文集『道徳意識とコミュニケーション的行為』のうちに示されている。そこでは彼は、道徳意識の発達に関するコールバーグの理論を参考にしながら、合理化され近代化された社会において討論の際に暗黙のうちにすでに前提されている普遍主義的道徳原理を基礎づけようとする討議《ディスクルス》倫理学の骨格を提示している。しかし、しばらくすると彼は、道徳と倫理を明確に区別するようになり、意思疎通するさまざまな諸個人の間の社会的関係を秩序づける規範的原理としての正義の妥当性に関わる道徳的討論と、彼らが共同で目ざすよき生活を規定する規範的原理としての善の妥当性に関わる倫理的討論との区別と関連に注目するようになる。そして、或る行為の結果についての実用的《プラグマティック》討論をここにさらに加えて、実践理性が行なうこれら三つの形態の討論を法律によって手続き的に制度化し、しかもそのようにして確保された自由で合理的な討論が暴力によって破壊されないように保護するということが、近代の民主主義的な法治国家における法と政治の基本的な機能として、彼の研究の視界に入ってきた。こうして規範的な妥当性に関する討論は、実際に制定されて権力によって実効性を与えられた実定法による保護を必要とすることが示されることによって、討議《ディスクルス》倫理学から法哲学・政治哲学へとハーバーマスの知的興味は移っていった。この間の事情は、一九九一年に出版された論文集『討議《ディスクルス》倫理学への註解』に収められた諸論文に示されている。そして、近代の民主主義的な法治国家とその倫理的・道徳的な基礎をコミュニケーション的行為の理論と討議《ディスクルス》倫理学にもとづいて原理的に説明しようとするハーバーマスの試みは、ドイツ学術協会の援助による五年間の共同研究プロジェクトを主宰する過程での共同研究者たちとの討論を経て、一九九二年に『事実性と妥当性』という大著にまとめられた。この著書は、ヘーゲルが一八二一年に出版した『法の哲学』がヘーゲルの作品のうちに占めているのと似たような位置を、ハーバーマスの作品のうちで占めていると言えよう。

民族主義への警鐘

一九八〇年代から九〇年代にかけてもハーバーマスは、彼の学問的な研究と平行して、そこで得られた知見の有効性を実際に試してみるかたちで、時事問題に対して意見表明を続けている。例えば彼は、一九九〇年に出版された政治小論集『遅ればせの革命』のなかでは、一九八九年から起こった東欧諸国の民主化と改革の動きについて論評している。そして彼はこの歴史的な動向のうちに、自らが一貫して追求してきた西欧近代の民主主義的原理の拡大を見るとともに、現代社会を制御している三つの資源である貨幣と権力と連帯のうちの最後の連帯という社会統合力を民主主義の深化というかたちでさらに追求していくことをヨーロッパ左翼の今後の課題として提示している。

また彼は、この年の一一月に起ったベルリンの壁の突然の劇的な崩壊と、それに続いて一九九〇年に行なわれたドイツ再統一という歴史的な出来事についても発言している。そしてそこには、これも彼が一貫して闘ってきたドイツの民族主義《ナショナリズム》に対する厳しい批判を見ることができる。例えば、同じ論文集に収められた「ドイツ・マルク・ナショナリズム――いま一度ドイツ人の自己同一性《アイデンティティ》について」のなかで、彼は、東欧の官僚制的社会主義国家の崩壊を目のあたりにして、「経済的優勢による増長心から民族主義《ナショナリズム》の花が芽を吹き出している」ことに警鐘を鳴らしている。そしてコール政権がドイツ統一にあたって、西ドイツの経済的な豊かさのうちに東ドイツ市民を飲み込むようにして、東ドイツを西ドイツに併合してしまったことを、彼は批判する。西ドイツの基本法に明記された手続きを踏んで、民主主義的な国民投票と憲法制定議会を通じて統一ドイツの国家形態を定めるという方途を採らなかったことによって、ドイツの政治文化の発展の大いなる機会が逸せられた、と彼は批判する。「…かつての急降下爆撃機に比べれば、このドイツ・マルクというコードはまだましかも知れない。だが、いずれにせよ、ドイツが力を誇示する光景は、ほとんど猥褻《わいせつ》ですらある。」彼はこう述べている。

ハーバーマスは一九九四年にフランクフルト大学を退職し、現在も学問的研究・著作と時事問題への発言を旺盛に続けている。

*　*　*

ああ、ヨーロッパ

二〇〇一年の「同時多発テロ」以後の世界のうちにハーバーマスは、彼が構築してきた哲学的な諸価値に対する新たな脅威を見出している。それは一つには宗教が原理主義的に尖鋭化されて暴力的なかたちでふたたび拡大していることである。宗教的寛容という原理のもとで世俗化の過程を辿ってきたヨーロッパの政治統合までがそれによって引き裂かれつつある現状を彼は憂いている。「西洋を引き裂いたのは国際テロリズムの危険ではなかった。国際法を無視し、国連を脇に追いやり、ヨーロッパとの断絶の危険をあえて冒した現在〔二〇〇四年〕のアメリカ政府の政策こそが、その元兇である。」この言葉はこの問題に対する彼の立場をよく示している。このような政策にEU諸国が同調することによって、近代ヨーロッパがカント以来目ざしてきた世界連邦への展望が塞がれてしまうことを彼は憂慮するのである。

II ハーバーマスの思想

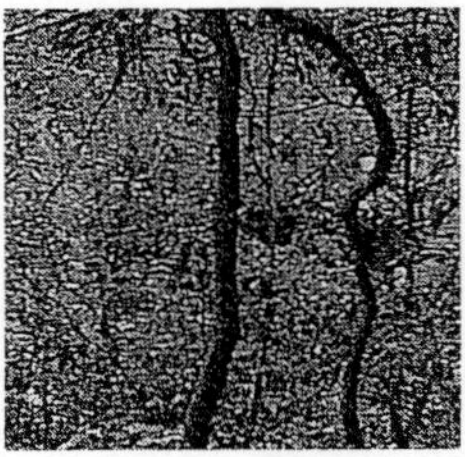

政治と公共性

処　女　作　ハーバーマスの思想が最初に明確なかたちで示されている著作は、一九六一年**『学生と政治』**の『学生と政治』である。第二次世界大戦後に再建された社会研究所によって行なわれた社会調査研究の報告書であるこの著作は、ハーバーマスの他に、社会調査の専門家であるルートヴィヒ・フォン・フリーデブルクら計四名による共著となっている。この共同研究は、一九五七年の夏学期にフランクフルト大学の一七一名の学生を無作為に抽出して、彼らの政治意識についてインタヴューを行ない、その結果を理論的に分析するというかたちで行なわれた。まとめられた研究報告は、その急進的な内容のためにホルクハイマーの批判を受けて出版が遅れ、ようやく一九六一年になって、社会研究所の名を伏せて出版された。この報告の冒頭に置かれている「政治参加の概念に関する省察」と題された理論的な構想部分はハーバーマスによって書かれたが、そこにはすでに彼のその後の主要な研究テーマが示されており、さらにホルクハイマーを危惧させた急進的な性格が示されている。

民主主義は近代のヨーロッパの国々の政治制度を一般的に規定している原理であるが、この民主主義に関する最近の政治学的な研究は、民主主義というものをたんに政治的な意志決定の方法としてのみ取り扱い、それを原理的に考察することを断念している。ハーバーマスはこのように批判する。そして彼は、民主主義というものをむしろ現実の政治制度を支える原理として捉え、さらに現実の政治制度がその実現に向けて努力すべき目標・理念と見なすべきであると主張する。彼によれば、民主主義は、支配する者と支配される者とが一致することを目ざす。すなわち、全ての市民が成年性に達して、自らの運命を自らで決定できるようになり、このように自立した市民が積極的に政治に参加し、彼らの自由な合意によって政治が行なわれることを、民主主義は目ざすのである。現実にはこのような状態はどこにも実現されていない。しかし、近代ヨーロッパに出現したブルジョワ的な法治国家はこのような民主主義の理念にもとづいており、この理念に支えられてはじめて存続している。そしてブルジョワ的な法治国家はつねにこの理念とその現実との緊張関係のうちに置かれているのである。

学生の政治意識と民主主義　こうしてハーバーマスは民主主義というものを、現実の民主主義国家を支える原理として捉え、さらにこの国家を批判するための規範的な基礎となる理念として捉える。そして、市民の政治参加という概念を中心に構成されたこのような原理・理念に照らしてみると、戦後の西ドイツにおいて形成されつつある民主主義的な社会国家は、この民主主義の理念を実現する方向に前進するか、それとも市民が一方的に支配される専制的な体制へと逸脱していくのかの岐路に立っている、と彼は論ずる。ドイツ連邦共和国の基本法でも規定されているこの社会国家においては、かつての古典的な自由主義国家の場合とは異なって、社会福祉政策や経済政策というかたちで市民社会の市場経済に対する国家の介入が行なわれる。このことによって、一方では初期の市場経済に見られたような労働者階級の貧困や失業といった悲惨な状態は改善されるが、他方では国家の行政機構が市民生活を管理・操作して市民を一方的に支配する傾向が強まってくる、と彼は指摘する。このことは具体的には、行政に関わる諸団体の政治的な役割が増大し、それに反比例して立法府としての議会の機能が縮小してきていることに端的に示されている。またこのことは、国家の権力機構から独立した市民社会の公共的な空間が失われてきて、本来はそこで市民によって形成されるべき公共的意見が宣伝・広告によって操作されるようになってきていることに示されている。そして公共性という政治的な空間がこうして消失していくにつれて、市民は政治参加の可能性を閉ざされ、脱政治化されて政治に興味を失い、私的な消費生活における豊かさと安寧のみを追求するようになってしまう。したがって、新たに出現しつつある社会国家においては市民は支配と操作のたんなる対象になってしまう恐れがある、と彼は警告する。

しかしこの社会国家は、民主主義の理念を新たな基礎の上にさらに実現していく可能性もまた秘めている、とハーバーマスは指摘する。そしてこのことは、市民の政治参加がどれほど行なわれるかに懸っている。この点について彼は、ヴォルフガング・アーベントロートの文章を引用しつつ、次のように述べている。すなわち「現実的な選択肢は、〝個々人の完全な経済的ならびに政治的な決定の自由をもたらすのか、それとも社会を民主主義的に代表している国家の計画力のもとに個々人を従属させるのかということではなくて、社会における決定的な経済的権力地位を意のままにするような社会的構成員の形式的に私的な（したがって公共の福祉ではなくて私的な利害によって方向づけられた）権力に社会構成員の大多数を服従させるのか、それとも社会的な生産と社会的な生活において必然的で不可避的な計画性を小さな集団の私的な処置から引き離して、国家を最高の決定統一体とする社会において共同の生産過程に関与する全ての社会構成員の共同の管理に服させるのか〟ということのうちに存しているのである。」つまり、この新たな社会国家の意志決定過程に全ての市民が現実にどれほど参加できるかということに、民主主義の未来が懸っているのである。そして、すでに述べたように、現代の議会制度がこの市民の政治参加による共同管理を実現する可能性は失われてきているから、共同管理を目ざす市民にとっては、「議会の外で政治的現実性の領域を意のままにする集団に参加するという考えの方がより自然である。」このような集団のうち最も重要なものは労働組合であるが、これはすでに民主的に組織されている。もう一つの集団は高級官僚やサラリーマン、巨大産業組織の経営者・技術者などの集団であって、これはドイツでは伝統的に都市の富裕で保守的な市民層から構成されており、大学教育を受けたこの階層の若者たちから人的資源を供給されてきた。そして、これまでは民主主義への方向性を示してきたとは言えないこの集団がこれから民主主義の理念を受け入れるかどうかに、新しい社会国家における民主主義の命運が懸っており、特に将来この集団を構成することになる大学生たちの民主主義への態度に懸っていることになる、とハーバーマスは論ずる。そして、学生の政治意識が調査されるのは、このような政治的展望にもとづいてのことである、と彼は結論づけている。

意思疎通への関心

こうしてハーバーマスの理論的な処女作と言えるこの『学生と政治』のうちには、すでに彼のその後の思想の基本的な立場が示されている。それは、複雑化していく現代社会にあって公共性の領域において市民の政治参加の可能性を追求することを通して、民主主義の理念の実現を目ざすという立場である。そして、やがてこの立場から、技術的専門家《テクノクラート》によって社会機構を維持・管理しようとする保守主義やそれと結びついた実証主義的な社会科学への批判がさらに展開してくるのであり、また言語による意思疎通《コミュニケーション》への彼の関心が現れてくるのである。なぜなら、公共性の領域において、公共的意見を形成して、政治的な意志決定に参加するということは、まずもってさまざまな問題について言語によって意思疎通することによって行なわれるからである。さらに、ここでハーバーマスが社会国家を民主化する展望について、アーベントロートの教説を受け入れているということは、彼が最初から左翼的な立場を明確に表明していたことを示している。またこのことは、数年後にアーベントロートが彼の教授資格申請を引き受けることになった理由を理解させるものである。

公共性の解体

ハーバーマスは『学生と政治』において扱った政治的公共性と政治参加という主題をそのまま教授資格申請論文の主題とした。こうして書かれた論文が『公共性の構造転換』であって、これはホルクハイマーの反対にあって、フランクフルトでは受理されず、アーベントロートが指導教官を引き受けてマールブルクで受理され、内容に若干の変更を加えた形で一九六二年に、『学生と政治』の場合と同じくルフターハント社から出版された。

この著書でハーバーマスは、「市民的公共性の自由主義的モデルの構造と機能、その成立と変貌」を研究しているが、その際に二つの著書が彼に大きな影響を与えている。一つは、ハンナ・アーレントが一九五八年に出版した『人間の条件』であり、いま一つは、ラインハルト・コゼレックが一九五九年に出版した『批判と危機』であって、この二人の作家についてハーバーマスは別に評論を書いて詳しく論じている。

アーレントはアリストテレスの古典的な政治学の伝統を復権させようとして、古代ギリシャの都市国家《ポリス》において自由な市民たちによって広場《アゴラ》で行なわれた公共的生活の意義に注意を促した。「会議や裁判の形もとりうる対話（lexis）と、戦争であれ闘技であれ共同の行為（praxis）とにおいて成立する」この公共的生活に参加することのうちに、古代ギリシャの市民たちは人生の目的を置いていたが、ハーバーマスによれば、「このギリシャ的公共性のモデルは、ギリシャ人の自己理解とともに様式化されてわれわれに伝承され、ルネッサンス以来…独特の規範的な力を帯びて今日にまで及んでいる。」このような公共的生活の概念が近代の法治国家における民主主義の理念を依然として規定している、と彼は考える。次にコゼレックは、一七世紀に宗教戦争に対する回答として形成された絶対主義国家のもとで出現した市民社会について研究し、そこでの自由な討論によって形成された公共的意見による批判を一八世紀の啓蒙主義の本質として説明した。この近代的な市民社会という公共的な空間における市民《ブルジョワ》たちの自由な批判《クリティーク》が政治的な危機《クリシス》を招き、フランス革命に始まる内乱に道を開いたことを、コゼレックは歴史的な厄災と見なす。しかしハーバーマスによれば、この市民社会における自由な討論による公共的意見の形成ということが、市民革命によって生まれた近代のブルジョワ的法治国家の組織原理であり、現代でも民主主義の理念の主要な内容であり続けている。このような公共性は、「自由主義イデオロギーのぼろくずとはちがう、それ以上のものであり、…投げ捨てて無事でいられるようなものではない」のである。

　このようにして西欧の政治的伝統のなかで現代まで受け継がれてきた政治的な公共性の領域が、いま解体しつつある、とハーバーマスは指摘する。自由主義にもとづく私有財産制度のもとでは、富を所有する資本家階級と無産の労働者階級との間の階級対立が市民社会を深く分断した。それ故に、近代国家を形成した市民《ブルジョワ》たちは、いまや資本家階級としては、例えば選挙権の拡大による民主主義の進展によってこの階級対立が政治的公共性のうちに持ち込まれることを恐れて、民主主義の原理に敵対せざるを得なくなったのであって、このことが近代の自由主義的でブルジョワ的な法治国家の歴史的限界をなしていた。これに対して、一九世紀の後半から、階級対立を緩和するために国家の権力機構が市民社会の生活圏に介入してきて、市民の自由な経済活動を統制していくにつれて、近代の到来とともにふたたび出現した政治的な公共性の空間は失われてきている、とハーバーマスは論ずる。

こうしてハーバーマスは、古代ギリシャの都市国家《ポリス》に始まって近代の啓蒙主義によって開花した政治的な公共性の領域の歴史を辿《たど》って『学生と政治』における問題意識をふたたび取り上げる。すなわちそれは、もしも社会福祉政策や産業政策を通じて市民社会の生活圏に介入してくる新しい社会国家のもとで、この政治的な公共性の領域が消滅していくとすれば、この社会国家の正当性の基盤はどうなるのかという問題である。なぜなら「…社会国家的な大衆民主主義の憲法的諸制度は公共的意見が健在であることを当てにしているのであって、それは、この無傷の公共的意見こそが依然として政治的支配の唯一の公認された正当性の基盤であるからである。」しかし「公衆が、公共性なしに論議する専門家たちからなる少数派と、公共的に受容する一方の消費者たちの大衆へと分裂し、こうしてそもそも公衆に特有な意思疎通《コミュニケーション》形態を喪失する」につれて、「公共性は広告の機能を引き受ける」ことになり、公衆はこの広告によって操作されて、民主主義の前提をなす政治的な主体性と批判能力を失ってしまう。こうして新しい社会国家が民主主義という規範的基礎を喪失していく傾向を、彼は問題にするのである。

公共性と民主主義　社会国家における公共性の構造転換という今日的な状況において、公共的意見というものをとりあえず確定する二つの道がある、とハーバーマスは論ずる。「その一つは自由主義《リベラリズム》の立場に立ち帰るもので、分解しつつある公共性のただ中で、公共性に堪えて意見を形成する代表者たちの内輪の意思疎通《コミュニケーション》を、すなわちたんに拍手賛成するだけの公衆の核心部に論議する公衆を温存しようとする立場である。」そして「もう一つの道は、合理性や代表性のような実質的基準を全く度外視して、もっぱら制度的基準のみに限定された公共的意見概念への道を歩む。」そして彼は、この二つの方向にほぼ対応するかたちで、現代において広い意味での公共的意見には、二つの型ないしは極があると見なす。「すなわち一方には、非公式的で個人的な、非公共的意見の体系、そして他方には、公式的な、制度的に公認された意見の体系がある。」前者は、日常的な意思疎通《コミュニケーション》を通じて形成されてくる各人の好み・意見・規範といった文化全般であって、これらが形成されて維持される生活圏をハーバーマスは後に生活世界という用語で示すことになる。後者は、公式の選挙の投票や、議会などでの審議と議決を通して、国家などの諸機関の公的な意志として形成される公共的な意見であって、制度的に権威づけられて、権力に具体化されるものである。そしてこの両者の間には、新聞の論壇や各種の審議機関・諮問機関などにおいて非公式に形成される擬似公共的意見の領域がある。さきの二つの型の公共的意見は、この擬似公共的な意見の領域を中間項として、マス・メディアなどを経由して、不断に連絡し、交流し合っている。

今日の条件の下では、日常生活における非公式的な意思疎通《コミュニケーション》による公共的意見の体系と、制度化された意思疎通による公共的意見の体系というこれらの二つの領域が、政党や労働組合などのような各種の組織や団体の内部での市民の自由な意思疎通あるいは討論によって活発に媒介されることによってのみ、厳密な意味での公共的意見が形成されることができる。ハーバーマスはこのように論じている。したがって現代の社会国家がその正当性の根拠としての民主主義の理念にどれほど忠実であるかは、マス・メディアを含めて多くの組織・団体などからなるこの中間領域に言論によって形成される「批判的公開性」の程度によって測られるのである。こうしてハーバーマスによって、支配と暴力からの解放という民主主義の理念は、意思疎通を支える公共性という概念に結びつけられる。「市民的な公共性の構造変化を調べてみれば、支配と暴力の執行がいわば歴史のマイナス常数として持続していくか、それともそれ自身ひとつの歴史的カテゴリーとして実質的変化を受けつけるものであるかは、公共性の機能力の度合と様式によって決まるということが知られる」と彼は結論している。

マルクス主義的社会理論　一九六三年に出版された論文集『理論と実践』においては、政治的な公共性と政治参加の問題は、フランクフルト学派の批判理論と関連づけて論じられている。この批判理論のうちに受け継がれていたマルクス主義は、その社会理論を政治実践に関連させて、世界をたんにさまざまに解釈するだけでなく、世界を変革することを目ざしていた。そしてこの論文集のなかでハーバーマスは、このようなかたちで理論と実践を統一することを目ざし、民主主義の理念にしたがって公共性の領域における市民の政治参加を推し進めるという明確な実践的目標を持ったマルクス主義的な社会理論として自らの学問を説明している。「この一巻に収められている研究は、…もともとは実践的意図のもとに構想される社会理論という発想を展開して、この理論の地位をほかの系譜から来た理論との対比によって明確にしようとするものである。」彼はこの論文集の一九七一年の新版に付された序論でこのように述べている。

この論文集に収められた「古典的政治学―その社会哲学との関係」や「自然法と革命」といった論文においてハーバーマスは、『学生と政治』や『公共性の構造転換』における主題を敷衍して論じている。すなわち前者の論文において彼は、アリストテレスの古典的政治学の意義を再確認したうえで、近代の政治哲学者トマス・ホッブズ（一五八八～一六七九）のように社会と人間を自然科学的に捉えて政治や国家を理解しようとする近代的な社会科学を批判して、「社会過程に対処するためにはまず、「討論し行動する市民たちの意識を媒介する必要がある」ことを強調している。また後者の論文では彼は、アメリカ合衆国の独立とフランス革命とを比較したうえで、人権を含む基本権を「国家以前に出来上がっている交易の法則に対応するもの」と見なして個人を国家の介入から守る機能をこれに与えようとする自由主義的な立場を批判している。そして彼は、この基本権を「国家のみならず社会をも包括する政治体制の原理」と見なしたフランス国民議会の伝統を受け継いで、今日の社会国家における政治実践を導いていくことを主張している。

これに対して、この同じ主題をマルクス主義的な観点から論じている「哲学と科学の間―批判としてのマルクス主義」や「社会学の批判的課題と保守的課題」といった論文においては、新たな理論的問題が現れてきている。すなわち、そこにおいては一方では、現代社会を研究するハーバーマスの批判的社会学は、この社会の構成原理のうちに組み込まれている民主主義の理念をたんに理論的に明らかにするだけでなく、この理念によって現実の社会を批判し、この理念のさらなる実現を目ざす政治実践へと市民を導く実践的な役割を持っていると主張されている。「批判的社会学は、既存の諸制度が標榜するところの意味を言質にとる。というのは、これらの言葉は、…既成体制においてまだ何が欠けているかを開示してくれるからである。」そして、そのことによって批判的社会学は、この欠けたるものを実現しようとする「断固たる政治的目標を持つ」のである。このように理論と実践を統一することによってハーバーマスは、彼の批判的社会学をマルクス主義の知的伝統に連らなるものとし、さらにこの論文集に収められた「マルクスとマルクス主義をめぐる哲学的討論によせて」に見られるように、現代のマルクス主義思想のさまざまな形態のうちに自らの社会学の位置を確定しようとしている。

社会は一つの巨大な主体

しかし、これらの論文においては他方では、社会全体は一つの大きな主体であると仮定され、批判的社会学はその理論的洞察によってこの巨大な主体に自己自身を認識させ、反省させることによって、政治実践へと媒介されると主張されている。すなわち、「社会科学が、総社会的主体の自覚へと高まること」によって、人間は社会を自分の目的に沿ったかたちに作っていくことができるようになるのであって、そのようにして「歴史が実際に作られるようになるにつれて、歴史を理性的に支配することを身につける啓蒙の自己意識も育ってくるのである。」このように社会というものを一つの巨大な主体と見なし、哲学者や科学者がこの社会について行なう理論的研究をこの社会自身の自己認識・自己反省と見なし、さらに社会がこの自己認識を得て自らの歴史的な歩みをその目ざすところに向けて首尾よくそこに到達できるようにすることがこの理論的研究の実践的目的であると見なすことは、ルカーチの『歴史と階級意識』の基本的枠組であった。そしてこの理論的枠組は、西欧マルクス主義と呼ばれる思想潮流の基礎をなし、ホルクハイマーとアドルノらのフランクフルト学派の批判理論の基礎をなしてきた。したがってこれらの論文によってハーバーマスは、自分がこの批判理論の西欧マルクス主義的な枠組に忠実であることを示しているわけである。

認識と関心

社会学にとっての社会

『理論と実践』に収められた論文「社会学の批判的課題と保守的課題」は、一九六三年の一月にベルリン大学の大学祭で行われた講演がもとになっているが、この講演はすでに実証主義論争の脈絡のなかで行なわれている。そこでハーバーマスは、ウィーン学団の系譜に連なる実証主義とフランクフルト学派の批判理論とを対比させて、後者を擁護している。すでに述べたように、この論争は一九三〇年代から行なわれ、戦争による中断を経て、一九五〇年代末から再然したものであった。

社会学はその研究対象である社会とどのような関係を持つべきか、社会学にとって社会とはそもそもどのような対象なのか。これが当初から論争の焦点であった。一九五九年にベルリンで開催された第一四回ドイツ社会学会において「社会学と哲学」という論題で発表を行なったホルクハイマーは、その研究報告書《ペーパー》のなかで、社会学が社会全体の運命と関わるべきであると主張した。社会学は、社会が持っている目的について社会自身が反省できるようにするという使命を持っている。そして、人間の共同生活の正しい形態を作り出すというこの目的を社会自身に意識させて、その実現に向けて社会を導くというこの使命を放棄するならば、社会学は現在の全体主義的傾向との闘いに敗北するであろう。ホルクハイマーはこう主張した。これに対して、「社会学的知識人の立場の変化」という論題で発表を行なったレネ・ケーニッヒは、工場や事務所のような個々の社会機構の具体的なはたらきを研究する社会学的専門家だけが有効な批判と提言を行なうことができる、と主張した。そして、社会全体というような漠然とした概念を持ち出して、この社会全体を合理化するなどという企てに社会学が加担するならば、そのような社会学が行なう批判は、絶対的な暴力と恐怖政治をもたらし、まさにそれが防ごうとしていた全体主義に道を開いてしまう、と彼は主張した。

ポパー「社会科学の論理」 一九六一年にテュービンゲンで開催されたドイツ社会学会の作業部会において、正式の理論的な対決が行なわれた。実証主義の陣営からカール・ポパーが「社会科学の論理」について発表し、これに対してアドルノが「社会科学の論理によせて」という論題で反論を行なった。ポパー自身はウィーン学団の論理実証主義を批判して、科学的認識というものを理論的問題の解決のための科学者たちの相互批判的な討論の無限の過程と見なしていた。すなわち、ある科学的な認識が真理であるということは、論理実証主義が主張しているように、その認識内容を言語的に表現している命題のなかの主語や述語などが、それらによって指示されている対象からもたらされる感覚的経験に合致したかたちで論理的に連結されていて、そのことがこの経験によって検証されうるということに存しているのではない。ポパーによれば、言語で構成され

カール・ポパー

た一つの命題が、一人の人間の感覚的経験のうちで捉えられた対象に何らかのかたちで合致しているというようなことは、決して検証され得ない。なぜなら、あらゆる命題はつねに普遍概念を意味する語を含んでいて、この普遍的な意味は個々人の感覚的経験という心理的なものを越えて、これらの人々の間の合意に関わっているからである。むしろ一つの命題に示されている科学的認識というものは、他の多くの命題による認識と連関したかたちで、一定の条件下で多くの人々によって客観的に観察される事柄についての仮説なのであって、そのようなものとしてつねに複数の人々によってその真理性について検証されるのである。その際に観察される事柄は、個々の人々にとってはたしかに感覚的経験として与えられるが、この感覚的経験が当の命題によって客観的な事実として言語的に表現されるのが適切か否かは、それ自体これらの人々によって、他の諸命題と比較考量するなかで、合意によって決定されることなのである。こうしてポパーは、科学的認識の真理性を、共同で世界を観察して言語的に表現しようとしている科学者集団の間の合意事項と見なす。そして、この合意はつねに暫定的なものであって、そのつど合意された真理を表現している命題は、さらにすぐれた認識を表現している命題によって不断に凌駕されていくから、科学とはこのような仮説と反証からなる討論《ディスクルス》の果しなき過程として理解されるべきなのである。

このような考えにしたがってポパーは社会科学の論理を説明していく。彼によれば、「…科学の方法とは、最も厳しい批判によってコントロールされた暫定的な解決の試み（あるいは思いつき）の方法である。それは試みと誤り（試行錯誤《トライアル・アンド・エラー》）の方法を批判的に発展させたものである。」したがって「…科学の客観性とは…科学者がお互いに批判し合うという社会的な事柄…なのである。」そして、このように理解された科学として社会科学を考えることができる、とポパーは主張する。このような社会科学に携わる科学者は、真理への純粋な関心から科学外的な関心を排除して、対象を科学的に研究せねばならない。そしてそのために科学者は、対象となる人間の行動を一定の状況にふさわしいものとして、一切の主観的・心理的な要素を排除して客観的に理解するような状況論理にもとづく説明を行なわねばならない。このように社会科学は基本的に自然科学と同じような方法によって社会事象を研究すべきである、とポパーは主張している。

アドルノの批判

これに対してアドルノは、社会科学が研究する社会という対象が、自然科学が研究している自然という対象とは根本的に異なったものであることに注意を促す。すなわち、自然はわれわれ人間によって作られたものではないから、われわれは自然を認識する際には、どのような概念的枠組でも自由に用いることができる。しかし社会は人間たちが自分で作ったものであって、彼らが抱いている目的や価値や信念によってすでに規定されている。したがって社会科学が社会を研究する場合には、その社会を作っている人間たちの抱く目的や価値や信念のうちに示されている社会像と、現実の社会の姿との間の相違や矛盾を問題にせざるを得ない。そして社会科学は、この矛盾を根拠にして現実の社会を批判し、人々の心のなかにある「正しい社会」の姿に現実の社会が一致することを目ざして研究を行なわねばならない。このような批判的機能を忘れて、現実の社会を自然のようなたんなる事実と見なして、その構造や作用を任意の目的のために認識することだけに社会科学の役割を限定してしまう実証主義に対して、アドルノは反対する。彼によれば、「啓蒙がいつも魔術からの解放において実現するものは、その固有の意味に従って人間を魔力から―かつては鬼神《デーモン》の魔力から、今日では人間の諸関係が人間に対してふるう魔力から―解放しようとするものである。このことを忘れて無関心なままに魔力を放置し、使用可能な概念装置の製作に没頭しているような啓蒙は…啓蒙自身を妨害しているのである。」

このようなかたちで社会科学を考えるアドルノは、社会というものを一つの大きな主体と見なす。すなわち個々の人間はふつうは自分が何を行なっているかをはっきりと心得ており、自らの行為の結果や自らの制作活動による作品のうちに自らの意図や目的が実現されているのを見出す。ところが近代社会においては、このような人間たちが集団で行なっている行為によって形成される社会的な過程は、彼らの主観的な意図や目的とは関わりのない自然的な過程であるかの如くに現われ、そのために自然科学と同じような方法と論理によって研究されねばならないと考えられてしまう。かつてマルクスによって疎外あるいは物象化と呼ばれたこのような状態を、マルクスと同じように克服しようとすることが、社会科学の使命でなければならない、とアドルノは考える。そして、もしこのことに成功するならば、現在はバラバラに分散している個々の人間たちの思考や意識は一つの集合的な思考や意識として形づくられ、あたかも一人の人間が自覚的に行為していくように、社会という一つの巨大な主体の自覚的な行為として社会過程は営まれていくであろう。社会科学は、社会全体が夢遊病者のような状態を脱却して、このように一つの主体として自覚的に歴史を刻んでいくようになるために必要な媒介項として、この社会全体のうちに組み込まれていることを自覚すべきだ、とアドルノは主張するのである。

ゲオルク・ルカーチ

テュービンゲンでの討論に付されたラルフ・ダーレンドルフの註解のなかで指摘されているように、アドルノの批判理論のこのような理論的枠組は、ヘーゲルの観念論哲学に由来している。ヘーゲルは、自然の過程と社会の歴史的な過程の双方を含む世界全体を、神という精神的存在者が自己疎外を経て自己意識と自己認識に至る反省的過程と見なした。そして彼は、彼自身の哲学的思索をこの壮大な神的過程の一環と見なし、しかもこの巨大な思考の円環を閉じて完成させる最後の仕事と見なしていた。そして、すでに述べたように、ヘーゲルのこのような哲学にもとづいて独自なマルクス主義思想を提示したのが、ゲオルク・ルカーチであった。ルカーチによれば、近代社会の歴史過程は、人間がこの過程の物象化を克服して自覚的に社会を形成するようになる自己意識と自己認識の過程であった。そして彼は、この歴史的過程を遂行する聖なる任務をプロレタリアートの階級意識に自覚させて、そのための政治実践へと彼らを導くことを、マルクス主義哲学の課題として提示した。ホルクハイマーやアドルノらフランクフルト学派の批判理論はこのルカーチのヘーゲル主義的マルクス主義の知的伝統のうちにあり、アドルノのポパー批判にも、そのことは明白に示されているのである。

プラグマチックな関心が討論を導く

さてハーバーマスはフランクフルト学派の陣営から論争に参加したが、その場合に彼はアドルノとは異なった角度からポパーと実証主義を批判している。彼は、ポパーが科学的認識の真理性を科学者たちの討論《ディスクルス》と合意にもとづけて理解していること自体はこれを高く評価している。しかし彼は、科学的認識が対象についての客観的真理という価値を目ざす関心に導かれているというポパーの主張には反対する。科学的認識の真理性が討論において批判的に吟味される際の規準は、その認識にもとづいて行為することで問題の対象を首尾よく支配し制御できるかどうかということであって、自然の過程を支配して対象を人間の目的のために利用するという実践的《プテグマチック》な関心が科学的真理に関する討論を導いている。彼は、親友のアーペルを介して学んだプラグマティズムの知見を用いて、このように指摘する。そして彼は、実証主義においてもポパーにおいても、労働過程において支配的なこの関心がその他の関心を押し退けて、社会科学を導く唯一の関心と見なされて、その他の関心が忘れ去られてしまうという事態について警告するのである。すでに『学生と政治』以来ハーバーマスは、政治的な公共性の領域において自由な政治的討論が発展して人々が暴力的な支配から解放されることを民主主義の理念と見なし、この理念が近代社会を導いてきたと考えていた。すなわち、実証主義が考えるように、社会は社会科学によって自然事象のように諸個人のそのつどの目的のために首尾よく操作されればよいというものではない。むしろ社会とは、そこにおいて人々がますます自由な討論によって彼らの運命を共同で決定していけるような領域となっていくことが求められているものである。したがって社会科学は、社会を研究対象とするにあたって、民主主義の理念と結びついたこのような解放への関心にも配慮せねばならない。「討論は、それに参加する人々の、普遍的な、しかも強制されない合意の理念のもとに成り立っている」が、この理念の実現を目ざす実践的な関心が全ての社会事象のなかにすでに働いていることを社会科学は認めねばならない。そして、そのような社会科学は、この理念を規準にしてつねに現実の社会を批判するものでなければならない。このように社会科学の批判的機能を強調する点で、ハーバーマスはアドルノと同じ立場をとるのである。

社会的総体性の概念をめぐって

ただし、社会において人間たちが全ての案件について強制されずに自由に討論しつつ生活していけるようになるということは、アドルノの言うように、社会が物象化を克服して一つの巨大な主体として自覚的にその歴史過程を営んでいくようになるということと、はたして同じことなのかどうか。この時期のハーバーマスは、この点については多分に曖昧である。一九六三年に発表されて『ドイツ社会学における実証主義論争』に収められた論文「分析的科学理論と弁証法」のなかでは、彼はまだアドルノにしたがって社会的総体性について語っている。そして彼は、社会科学がこの社会的総体性を一つの巨大な主体として確立して、その自己意識となることを期待している。「全体的分析は歴史的連関から、主体としての社会全体に帰することのできる行動の展望を展開せねばならないであろう。そしてこの展望の内部で実践的に意味ある目的手段関係や可能な社会技術が、われわれにはじめて意識されるのである。」彼はこう述べている。これに対して一九六四年に発表されて同書に収められた「実証主義的に二分割された合理主義への反論」では、社会的総体性という概念は殆ど消えているが、そのかわりにフロイトの精神分析学からの知見を用いて、同じような議論が展開されている。それによれば、個人が健康に生活していくための条件は、意思疎通《コミュニケーション》を通じて各々の個人の自己同一性が保たれることと結びついているが、それと同じように社会全体がつつがなく存続していくということもまた、その社会内部での諸個人の円滑な意思疎通によってその社会自体の自己同一性が保たれることに懸っているのである。

この場合には、社会内部で諸個人の意思疎通《コミュニケーション》が滞りなく行なわれるということと、社会全体が主体として明確な自己意識を持つということとが同じことと見なされている。「このような同一性喪失の脅威や言語的意思疎通《コミュニケーション》の停滞の経験を各人はその生活史の危機のなかで繰り返している。しかしそれらの経験は、全社会的主体が自然との対決において同時に自らの身に蒙っている人類史の集合的経験よりも、現実的であるわけではない。」彼はこのように述べている。個人の場合と同じように、社会全体についても、主体性や自己同一性を問題にできるのかどうか。この点についてハーバーマスはまだ徹底的に考察を深めるに到っていない。

労働と相互行為の峻別　すでに述べたように、ハーバーマスは実証主義論争において、社会科学が社会を研究するに当たってその認識を導いている対象支配への技術的な関心について明確な理解を持つと同時に、さらに社会のうちに働いている別の関心にも目配りすべきだと主張していた。そして彼は、実証主義的な社会科学論を批判しながら、この別の関心とそれに関わる領域を明らかにして、ポパーや実証主義よりも包括的で多面的なかたちで社会を捉える社会科学の構想を追求していく。彼のこの作業は、一九六八年に出版された論文集『〈イデオロギー〉としての技術と科学』に収められた論文に示されている。

一九六七年に発表された論文「労働と相互行為」においてハーバーマスは、ヘーゲルが一九世紀の初頭にイエナ大学で行なった自然哲学と精神哲学の講義を手掛りにして、言語的意思疎通《コミュニケーション》にもとづく相互作用を労働とならぶ基本的な社会的活動の型式と見なすこの時期のヘーゲルに賛成している。「相互行為を労働に還元したり、労働を相互行為から導き出したりすることは不可能なのである。」ここからさらに彼は、マルクスがこの点について曖昧であって、そのために相互行為を労働へと還元してしまう誤った解釈がマルクス主義のうちに生まれるに到ったと指摘している。すなわち「マルクスは相互行為と労働の連関を本格的に説明せず、社会的実践という曖昧な名称のもとに一方を他方に、つまり意思疎通の行動を道具を用いた行動へと還元している」のである。ここからハーバーマスは、やがて彼の理論的枠組にとって重要となる観点を提出する。すなわち労働と相互行為の各々において別箇の進歩というものがあり、人類は歴史を通じてこの二つの別々の進歩を追求しているのである。このうち労働の領域における進歩は、われわれが自然対象を効果的に支配することにもとづいており、科学的認識を導いている対象の技術的支配への関心は、この進歩に寄与するものである。これに対して相互行為の領域における進歩は、われわれが社会のなかで自らの生活を自由に自律的に営なむことにもとづいており、民主主義の理念への関心はこの進歩を目ざすものである。したがって、ハーバーマスによれば、「飢餓と労苦からの解放は隷属と屈従からの解放と必ずしも一致はしない」のである。

二重の合理化過程　ここからハーバーマスは、ヨーロッパにおける近代社会の形成という歴史的な過程を、労働と相互行為というこれら二つの領域における合理化の過程として捉え、この視点から彼のこれまでの理論的な作業の全体を統合するような展望を示すことになる。この包括的な展望は、一九六八年に発表された論文「〈イデオロギー〉としての技術と科学」に示されており、その意味でこの論文はハーバーマスの思想の発展にとって里程標をなしている。

マルクーゼの古稀を記念して書かれたこの論文のなかでハーバーマスは、ヨーロッパ社会の近代化を合理化として解明しようとするマックス・ヴェーバーの分析に対するマルクーゼの批判を検討しながら、合理化という概念を用いて自らの社会理論について説明していく。ハーバーマスによれば、ヴェーバーが西欧近代のうちに確認した合理化は二重性を帯びている。すなわち「マックス・ヴェーバーが〈合理化〉の概念を用いて探求しようとしたのは、〈近代化〉の過程に入った社会の制度的枠組に対して科学技術の進歩がどのような反作用を及ぼすかという点であった」から、合理化は社会の制度的枠組と科学技術の領域の双方で行なわれるものと見なされねばならない。このうち科学技術の進歩というかたちでの合理化は、主に労働という目的合理的な行動様式の変化のうちに示されている。これに対して制度的枠組というものは、言語に媒介されたコミュニケーション的行為としての相互行為を律する規範体系からなっているものであって、そこにおける合理化は、この相互行為を支えている社会的な合意形成の様式の変化のうちに示されるものである。このようにして労働と相互行為という概念的枠組は西欧社会の近代化と合理化という歴史的過程と結びつけて理解される。

さて近代以前の社会においては、相互行為の領域の制度的な枠組が労働の領域における科学技術の水準を規定し、多くの場合はその進歩を抑制してきた。これに対して近代社会においては、労働の領域における科学技術の急速な進歩というかたちでの合理化が最優先され、労働と生産という下部体系のこの合理化に適合するかたちで相互行為の制度的枠組が変化するという合理化が行なわれる。その結果として形成される相互行為の制度的枠組が、一般に「ブルジョワ的法治国家」と呼ばれるものである。そしてそれは、市民の私的所有権を保護し、彼らの自由な生産活動と公正な交換を保証することによって労働の領域における合理化を促すとともに、市民がかつての神話的・宗教的な規範体系から解放されて自由な討論によって彼らの相互行為を秩序づけていくことを目ざす。そしてそのためにブルジョワ的法治国家が全ての市民に確保しようとする人権と、自らの政治的理念として掲げる民主主義とが、この国家の正当性を支える根拠となってきた。

侵食される相互行為の領域

しかし一九世紀後半から西欧の資本主義社会では、このブルジョワ的法治国家の機能が変化し、それにつれて労働と相互行為という二つの社会的機能圏の間の関係が変化してきている、とハーバーマスは論ずる。すなわち、一方では市場経済を安定的に維持するために、かつては市民が国家の規制をはなれて自由に生産し交易する空間としてあった市民社会に対する国家の干渉と制御が増大していく。そして他方ではこの空間における基本的行動様式としての労働を律する原理であった科学技術がこの政治的な干渉と制御のために利用されるようになることによって、本来は労働の領域における合理化の挺子《てこ》であった科学技術が、相互行為の制度的枠組に関する合理化の挺子にもなるような事態が現れてきているのである。「こうして一見すると社会体系の発展が科学技術の進歩の論理に規定されているかのような情景が現れている。つまり、この進歩の内在的法則から事物に即した強制力が生み出され、機能的な要求に応ずる政治はその強制力に従わざるを得ないように見えるのである。」そして、マルクーゼがヴェーバーの合理化論を批判して、「合理性に名を借りた一定の陰微な政治支配の形態」を指摘し、「技術と科学は今日では支配を正当化する機能をも引き受けている」と主張するのは、このような事態に照してみれば、納得のいくことである、とハーバーマスは考えるのである。

技術至上主義への挑戦　このように政治的支配のためのイデオロギーとして機能するようになった技術と科学を西欧社会の近代化と合理化という歴史的展望のもとで捉えることによって、ハーバーマスは、『学生と政治』や『公共性の構造転換』で取り扱った問題と実証主義論争での問題とを綜合できるようになる。なぜなら、「行政的に解決可能な技術的課題だけを目ざす」政治から、「民主的な意思形成を行なおうとする時にのみ可能となるような、規範の採用の可否に関する討論が排除される」とともに、「国民大衆の脱政治化」がもたらされるという事態は、彼が『学生と政治』や『公共性の構造転換』で現代の社会国家の性格として指摘した事柄だったからである。また、このような状況に対応するかたちで、相互行為の領域を労働の領域のうちに吸収し、社会の制度的枠組に関する自由な政治的討論を社会というシステムの科学技術的な制御によって置き換え、社会について人間が抱く関心を科学技術的な対象支配への関心へと一元化して、そのような関心だけに導かれた社会科学を推進することが、実証主義の目標だからである。この技術至上主義《テクノクラシー》こそが実証主義の共通意識であり、またそれは、ゲーレンやフライヤーやシェルスキーのような文化的保守主義者たちによっても共有されており、さらにルーマンの社会システム論が目ざす「社会の計画的再建のためのモデル」を導いているものでもある、とハーバーマスは考えるのである。

実証主義のこのような技術至上主義《テクノクラシー》に対して、ハーバーマスは、労働の領域における合理化には還元されることのない相互行為の領域における合理化を推進することを目ざし、そのために自由な政治的討論の拡大に向かう民主主義の理念への関心によって導かれた社会科学を構想する。そして、このことによって彼は、マルクーゼの批判理論と袂を分かち、『理論と実践』において選び取ったマルクス主義の知的伝統をマルクーゼとは異なった方向で継承していこうとする。すなわちマルクーゼは、いまや合理性の内容を独占してしまうかに見える科学技術そのものを変革しようとする。

彼は、たんに人間とその社会だけでなく、自然そのものをも抑圧的に支配することのないような全く新しい形態の科学技術を構想することによって、実証主義と技術至上主義に対抗しようとする。しかし、「科学そのものの構造」を変革して、「意思疎通《コミュニケーション》なしに自然をたんに加工するというのではなく、自然との意思の疎通をはかることのできる」ような新たな科学を確立するというマルクーゼのユートピア的な企てを、ハーバーマスは非現実的なものとして拒否する。彼によれば、科学技術の革新によって労働の領域が変革され、それにつれて相互行為の領域における制度的枠組もまた自動的に変革されるというマルクス主義の仮定は、マルクーゼの場合でも、もはや説得力を持つものではない。今日のように国家が市民社会の経済活動に干渉してこれを制御するという段階にあっては、むしろ労働の領域には還元され得ない領域としての相互行為の領域において、民主主義の深化をはかるというかたちでのみ、マルクス主義的批判は有効なものでありうる。そして、社会科学はそのような方向を目ざす関心によって導かれねばならない、とハーバーマスは考える。「合理化のふたつの概念を峻別しなければならない……。制度的枠組の水準での合理化は、言語に媒介された相互行為という媒体のなかでしか、つまり、意思疎通《コミュニケーション》の制限の除去を通じてしか成就されない。……行動を導く原則や規範が適切で望ましいかどうかを……公共的な場で、何らの制限もなく、支配権力から自由に討論すること—政治的な……意思疎通のあらゆる水準でこうした意思疎通を行なうことが、〈合理化〉といったことを可能にする唯一の媒体である。」彼はこう述べている。

学生への期待と挫折

それでは現代の後期資本主義社会において、このように意思疎通《コミュニケーション》の制限を撤去していって民主主義を深化させるような合理化が行なわれうる領域はどこであろうか。ハーバーマスによれば、それは、この社会の特定の特権集団の政治的支配を可能にするような制度的枠組が技術至上主義《テクノクラシー》の言説によって下層集団に対して正当化されたり、反対にこのような正当化のイデオロギーに反対して制度的枠組について批判的な討論《ディスクルス》が行なわれるあの公共性の領域である。そして、「マス・メディアを通じて操作される公共性の体系《システム》において」一方的な支配と隷属を廃棄して合理化を目ざす政治的な勢力として機能しうる集団として、彼は学生を挙げる。なぜなら学生は、特定の組織や地位に拘束されない自由な位置を占めており、また豊かな先進諸国においては、脱政治化の代償として与えられる経済的安定に心動かされずに、民主主義の理念にもとづく近代化・合理化を追求することができるからである。「長い目で見れば、学生、生徒の抗議はこのもろくなった業績イデオロギーを持続的に破壊し、それとともに、もともと壊れやすいが、大衆の脱政治化によって隠蔽されている、後期資本主義の正当化の基盤を倒壊させることができるだろう」と彼は結んでいる。

この論文においてハーバーマスは、実証主義論争のなかで展開された技術至上主義《テクノクラシー》への批判やヨーロッパ文明における近代化・合理化についての理論を処女作『学生と政治』からの主題と結びつけることによって、六〇年代後半からの学生反乱に対して一つの理論的な基礎づけを与えた。そして学生反乱の高揚期である一九六八年に発表されたこの論文は、当時の左派の学生たちによって彼らの社会批判を支える一種の綱領的な文書として取り扱われた。すでに述べたドゥチュケとの論争や学生によるフランクフルト大学の占拠に際して見られたハーバーマスの行動などは、この論文に対応するものとして理解されるべきである。そして、学生反乱が挫折した後、彼が学生反乱の理論的指導者の一人として一九七一年にフランクフルト大学を辞職したことも、この論文との関連で理解されるべき事柄である。

就任講演　論文集『〈イデオロギー〉としての技術と科学』の末尾に収められた「認識と関心」は、ハーバーマスにとってもう一つの綱領的な文書である。一九六五年に行なわれたフランクフルト大学での教授就任講演にもとづくこの論文のなかで彼は、ホルクハイマーの講座の後任教授としてフランクフルト学派の学問的伝統を引き継ぐ決意を表明している。「…伝統的な意味での理論と批判という意味での理論の区別については、マックス・ホルクハイマーが彼の最も重要な研究の一つで論じている。このテーマを私は、壮年時代を過ぎようとするいま、再び取り上げる」と彼は言明している。そして彼は、実証主義論争のなかで発見した認識と関心との関連という主題をさらに展開するというかたちで、この批判としての社会理論を学問的に基礎づけるという構想を提示している。

認識を導く三つの関心　この構想によれば、人間の全ての認識は三つの関心によって導かれており、これら三種類の関心は労働と言語と支配という媒体のなかで形成される。つまりこれら三つの関心は各々、対象を巧みに技術的に操作することと、他の人間の行為や言語の意味を正確に理解することと、他者の暴力的な支配や非人格的な力の盲目的な強制から解放されて自由に行為することを目ざしている。そして、このように「技術的処理、生活実践的な了解、自然発生的強制からの解放をそれぞれに目ざす立場は、特殊な視点を指定し、われわれはその視点に立ってはじめて実在そのものを捉えることができる。」したがってこの特殊な視点に対応して、これら三つの認識関心に導かれた三つの学問分野が与えられる。すなわち、技術的な認識関心に導かれた自然科学のような経験分析的な学問分野と、意味了解への関心に導かれた歴史学のような歴史的解釈学的な学問分野と、「実体化された力への従属から」人間を解放しようとする関心に導かれた批判的な社会科学という学問分野である。実証主義は、認識を導くこれらの関心とそれに対応した学問分野を認めないが故に、社会科学を自然科学のような経験分析的な学問分野に編入してしまうのである。

自己反省の力と成年性　これら三種類の認識関心のうちで、解放への関心は独自の位置を占めている、とハーバーマスは主張する。なぜなら、この認識関心によって導かれて認識する人間は、他の二つの認識関心の場合とは異なって、自分自身の行為を暴力的な支配や盲目的な強制への無意識的な屈服の結果として認識することによって、この行為の呪縛から解放されるのであって、そこでは自己反省という認識過程が行なわれているからである。つまり批判的な社会科学が或る特定の人間の行為や特定の社会の仕組を認識する時にはつねに、ちょうどヒステリー患者に対して彼の無意識的で抑圧された病的行動のメカニズムを解明してみせるフロイトの「精神分析と同様に、法則連関に関する情報が当事者自身の意識のうちに反省という出来事を解き放なち、そのような法則の初期条件に属している非反省的な意識の段階がそれによって変化させられうる」ようになるのである。このように自らの行為についての自己反省がその行為そのものを変化させる限りでは、解放への関心は、それに導かれた認識が自己反省として首尾よく行なわれるならば、この認識とともに満足させられるものである。その意味では「自己反省の力によって認識と関心は一体なのである。」

さらにこの関心は成年性への関心でもあって、それは「普遍的な強制されない合意への意図」として、われわれ人間を自然から際立たせている言語とともに最初から与えられているものである。そしてこの関心によって導かれる社会科学にとって、解放された世界とは、その構成員が成年性に達した社会であるが、そのような社会とは具体的には、そこにおいて万人が万人と自由に対話することによって合意に達することのできる社会である。このような対話ないしは討論《ディスクルス》を歪め、強制なき意思疎通《コミュニケーション》の軌道から外らせてきた暴力の痕跡を歴史の歩みのうちに発見することを通じて、批判的な社会科学は人類の成年性への歩みを促進することができる。このように「抑圧された対話の歴史的な痕跡から抑圧されたものを再構成する弁証法のうちで、認識と関心の統一は確証されている」のである。

体系的著書『認識と関心』　一九六八年に出版された『認識と関心』は、一九六五年の教授就任講演で素描された学問的構想を具体化したもので、実証主義論争のなかで実証主義的な社会科学に対置された批判的な社会科学を理論的に基礎づけようとしたものである。その際にハーバーマスは、三つの理論的枠組を用いて論述を行なっている。その一つは、認識を導く関心という枠組であり、もう一つは、人類という巨大な主体の自己形成過程における自己反省という枠組であり、最後の一つは、言語を媒介にして行なわれる意思疎通《コミュニケーション》という枠組である。そして彼は、フランクフルト大学での同僚である心理学者のアルフレート・ローレンツァー（一九二二〜二〇〇二）から示唆を受けて、最初の二つの枠組を最後の枠組と綜合しようと試みているが、後になってこの試みは不可能であるとして放棄された。

この本のなかでハーバーマスは、実証主義論争において彼が提示した「認識を導く関心」という概念を、ヘーゲルの精神現象学の立場にもとづいて理解しようとしている。観念論者のヘーゲルは、自然の過程と社会の歴史的発展過程とを、神的な精神が自らの本質を現象させて具体的に実現していく過程と見なす。さらに彼は、彼自身の哲学を含めてあらゆる学問的営為を、精神のこの現象について認識しようとする精神の自己反省の一環と見なす。マルクスはヘーゲルのこの立場を大筋で受け継ぐ。しかし唯物論者であった彼は、社会の歴史的な発展過程を、人類が自然に対する労働を通じて自己形成を行なっていく過程と見なし、さらに彼自身の社会理論を、自然のなかでの人類のこの自己形成の歴史について認識しようとする人類自身の自己反省の一環と見なす。これに対してハーバーマス自身は、マルクスの立場をさらに変更して、社会の歴史的な発展過程を、人類が自然に対する労働と社会的な相互行為の両方を通して自己形成を行なっていく過程と見なし、彼自身の社会理論をこの二つの領域での人類の自己形成の歴史についての人類自身の自己反省の一環と見なす。その場合に彼にとっては、自然科学は、労働において自然対象を効果的に支配・操作しようとする技術的な関心によって導かれており、歴史的・解釈学的な精神科学は、相互行為において他者の行為や言語の意味を正確に了解しようとする意味了解への関心によって導かれている。そしてこれらの認識関心の意味と機能は、人類の歴史的な発展過程について認識することによってのみ明らかとなる。したがって、ハーバーマスによれば、認識を導く関心を完全に解明しようとする「徹底的な認識批判は、結局、人類の歴史の再構成というかたちにおいてのみ可能である。」そしてこの再構成は、社会科学によって、人類自身の自己反省の一環として行なわれるものであって、それ自体は解放への関心によって導かれているのである。

チャールズ＝サンダース・パース

技術的処理への関心

ハーバーマスによれば、実証主義はこのような認識関心というものを無視する。なぜなら実証主義は認識主体をもはや問題にせず、この認識主体が独自な関心にもとづいて行なう認識としての世界構成を問題にせず、もっぱら認識内容を言語的に表現している命題とそこで記述されている対象との対応関係のみを問題としているからである。これに対して彼は一方では、実証主義によって塞がれてしまった認識主体の自己反省という学問的営為を回復することによって、認識を導く関心を解明しようとする。そして他方で彼は、実証主義の時代にあって、科学の方法論を展開するなかで、もう少しでこの関心を捉えるところまで行った二つの試みを批判的に検討する。それはパースのプラグマティズムとヴィルヘルム・ディルタイ（一八三三〜一九一一）の解釈学である。

学生時代からハーバーマスの友人であるアーペルは、第二次大戦後のドイツの知的世界にアメリカのプラグマティズムを紹介するなかで、パースの思想の重要性に注意を促したが、ハーバーマスはアーペルに従って、パースのプラグマティズムについて論じていく。パースによれば、われわれは科学的な認識が日々刻々と進歩していくことを認めざるを得ない。そのことは、さまざまな事柄について提出される多くの意見のうち特定のものが徐々に少なくとも当面の真理として衆目の一致するところとなってくることに示されている。その場合に認識内容を言語的に表現している命題は、一定の条件を整えれば所期の結果が得られることを約束するような技術的勧告として解釈されて、それにもとづいた行為の成否を判断するというかたちで、認識の検証が行なわれていく。このように意見を交わして、実験的に行為して、さらに意見を交わし討論していく「研究者たちの共同体」のなかで、自然科学的な認識は進歩していく、とパースは論ずる。そうだとすれば、この討論《ディスクルス》に参加する研究者たちは、自然対象の技術的処理への関心に導かれて彼らの認識を組み立てているのだ、とハーバーマスは考える。ところがパースはそうは考えない。むしろ彼は、討論で言明される命題が持っている演繹（deduction）、帰納（induction）、仮説（abduction）といった論理構造とそれによって表現される対象の実在性のみに注目する。そして彼は、実証主義に屈服するかたちで、科学的認識というものをたんに真理探求のみを目ざすものと見なすのである。なぜなら、この技術的な関心が気づかれるようになるのは、研究者たちの共同体が人類という巨大な主体の一部と見なされて、この主体の歴史的な自己形成過程という展望の下で捉えられる場合だけであり、この主体の内部で人々が科学的真理についての合意を目ざして討論しているのはそもそも何のためかということが反省される場合だけだからである。

実践的な関心

ハーバーマスをハイデルベルク大学へ招聘したガダマーは、一九六〇年に出版された『真理と方法』によって、テクストの解釈がもたらす認識の意義を西欧の知的世界に再評価させ、そのなかでディルタイの解釈学に再び光を当てたが、ハーバーマスはこのガダマーにしたがってディルタイについて論じていく。それによれば、言語を媒体とする相互行為のなかで、他者の行為の意味が自明なものとして即座に理解されなくなる時、その行為をテクストとして解釈するかたちで認識が行なわれる。ディルタイによれば、この「解釈学的理解は、生の表出の三つの部類、すなわち言語的表現、行動、体験の表現に向けられている。」またこの解釈は、「解釈学的円環」と呼ばれる独特な過程を辿って行なわれる。つまりテクストの解釈は、まずその全体についての漠然とした解釈にもとづいて部分を解釈し、次にこの部分の解釈にもとづいて逆に全体の先行的解釈を修正していくという円環をなして行なわれるのである。こうしてディルタイの思索を跡づけながら、ハーバーマスは、このような解釈学的認識にもとづく人文諸科学の認識が一定の関心によって主導されていると指摘する。それは過去の文化遺産の垂直的な伝承と、異質な文化の水平的な受容によって、社会の文化的豊かさを維持し増大させようとする実践的な関心である。ところがディルタイはそのようには考えない。むしろ彼は、追体験という概念を用いて、テクストの意味である他者の体験と、解釈を通じてそれを模写して得られる追体験との対応のみに注目する。そして彼もまた実証主義に屈服するかたちで、解釈学的認識というものを、他者の体験という客観的真理を自然科学的な認識と同じように目ざすものだと見なすのである。なぜなら、この実践的な関心が気づかれるようになるのは、文化を伝承し伝達しつつ豊かにしていく社会という集団的な主体の一部として解釈者たちが捉えられる場合だけであり、この主体の内部で解釈者がテクストの作者との意思疎通《コミュニケーション》を通じて相互理解を目ざしているのは、そもそも何のためかということが反省される場合だけだからである。

解放への関心

二つの関心についてこのように説明した後で、ハーバーマスは三つ目の解放への関心について論ずる。これは、主体の自己認識と自己反省を導くものとして、もともとはヘーゲルと同時代の哲学者ヨハン・ゴットリープ・フィヒテ（一七六二〜一八一四）によって提示されたものであるが、ハーバーマスはフロイトの精神分析学を手掛りにして、この解放への関心を説明していく。その際に彼は、ローレンツァーにしたがってフロイトの精神分析を深層解釈学にもとづく言語分析と捉えたうえで、次のように論じていく。それによれば、フロイトは神経症患者の病的症状を無意識的な自己欺瞞の現れと見なし、この自己欺瞞を自己反省によって患者自身に認識させることによって病的症状を治療しようとした。その際に患者は、自らが二つの自己に分裂し、それらの間で言語化されて意識化されうる公共的な意思疎通《コミュニケーション》による討論《ディスクルス》が行なわれていなかったことを自覚するようになる。つまり、患者の内部では、「心の内部にまで引き延ばされた社会的権威」を代弁する超自我としての自己が、社会的規範にもとづいた行為を命令し、これに対して欲望を盲目的に充足させようとするエスとしての自己が、超自我を憎悪し、これに反抗している。しかしこのような対立と葛藤は自我の意識にはそのようなものとして言語的に表現されて示されず、そのためにこの対立と葛藤の結果として生ずる一種のサボタージュは、自我の意識には何か理解できない不可解な感情や強制的な行為として示されるのである。

精神分析をこのように言語的な意思疎通《コミュニケーション》の遮断と抑圧に関わるものと見なすことから、ハーバーマスは、解放への認識関心に導かれた批判的社会科学の構想を説明する。これまでの社会においては労働の組織や統治の組織に関してさまざまな制度的枠組が作られてきたが、諸個人の自立性がまだ弱いうちは、これらの枠組は、それについての批判的な討論《ディスクルス》や合理的な説得を抜きにして、彼らに対して絶対的で神聖なものとして示されて、彼らに欲望を断念するように強要してきた。「個人を神経症に追い込むのと同じ精神状況が、社会を制度の建設へ動かしているのである。」このような社会に対して、それを支える制度的枠組とその限界を越えて充足を求める個々人の欲望との対立に関する自己反省をもたらし、これらの制度的枠組の正当性について彼らが批判的に討論できるようにすることが、批判的な社会科学の使命である。つまり、人類は類的主体として労働と文化を通じて自らを歴史的に形成していく過程で、対象の技術的支配への関心と他者の行為の意味理解への関心に導かれた認識を行なっていくが、それだけでなく、この形成過程そのものについて自己反省して、それを無意識的で盲目的なかたちではなく、意識的で理性的なかたちで行なうようになるのであって、解放と成年性と啓蒙へのこの関心によって批判的な社会科学の認識は導かれているのである。

自由な討論としての理性　すでに述べたように、『認識と関心』は、特に精神分析学を扱ったこの部分で、多くの疑問と批判を呼び起こした。例えば、ハーバーマスは批判的な社会科学と社会との関係を精神分析医と神経症患者との関係に比較したが、このような対比は納得の行くものだろうか、という批判がなされた。患者は医師によって治療されることに同意しているが、社会と社会科学との間にはそのような関係はあり得ない。このような批判は、結局は、ヘーゲルの理論的枠組にしたがって、人類史というものを一つの類的主体の自己形成史として捉えることが妥当か否かという問題に帰着する。あるいはそれは、或る社会全体があたかも一人の人間のように自らの歴史について自己反省を行なうと考えることができるのかという問題に帰着する。

たしかに個々の人間は、認識したり、討論したり、自らの無意識的な行為について自己反省を通じて認識したりできる。しかし、その際に彼らが行なう討論《ディスクルス》の過程を、社会という主体が自己自身と対話し、そのことを通じて自己反省を行なっている過程であると、簡単に考えることはできない。なぜなら、社会全体とか人類といったものは、決して意志をもった主体として行為するものではないからである。たしかに、トマス・ホッブズの言うように、国家というものは、多くの個人の意志を一つの意志に結集させたものとして、法的人格と見なされて、そのようなものとして行為の主体と見なされうる。しかし社会や人類といったものは、それとは異なっている。特に近代社会という総体は、『公共性の構造転換』で確認されたように、国家という権力機構とは区別された公共的な空間としての市民社会を含んでいる。そしてこの市民社会は、市場での果しない商品売買と、あらゆる問題についての市民たちの開かれた自由な討論によって特徴づけられており、国家権力の場合のように、そのつど個別意志を一般意志へと統一させて、法的主体として行為するというものではないのである。したがって、市民社会という公共的な領域を含んでいる近代社会は、それが国家のような権力主体に完全に全体主義的・専制主義的に統合されてしまうのでない限り、いかなる意味でも大きな主体と見なされうるものではないのである。

一九四一年にホルクハイマーは、一九三〇年代にウィーン学団との間で行なわれた論争を踏まえて、理性を言語による討論《ディスクルス》そのものと見なすウィーン学団の発想に興味を示した。しかしこの立場はフランクフルト学派のなかでは展開されることはなく、ルカーチのヘーゲル的マルクス主義の理論的枠組にしたがって、人類や社会全体は彼らの学問的営為によって自己反省を行なう巨大な主体と見なされた。これに対して実証主義論争においてフランクフルト学派と対峙したポパーは、まさにこの考え方を発展させて、科学的認識というものを仮説と検証に関する自由な討論の無限に開かれた過程そのものと見なしていた。そしてハーバーマスは実証主義論争においてこのポパーの立場を高く評価し、『認識と関心』では、自然科学を導く技術的な関心と人文科学を導く解釈学的な関心とを、認識内容に関するこのような自由な討論から説明していた。したがってこのことは、この同じ本のなかで彼が認識関心を類的主体の自己反省と結びつけて明らかにしていることとは、矛盾していて両立しないのである。別の言い方をすれば、科学的な認識を果しない自由な公共的討論に基礎づけるということと、社会全体を一つの主体と見なすこととは互いに矛盾しており、前者から導き出される理性的合意への関心と、後者から導き出される解放への関心とは、実は別々のものなのである。ポパーが『歴史主義の貧困』や『開かれた社会とその敵』といった著作のなかで主張したところによれば、社会全体を一つの巨大な主体と見なすということは、社会全体を国家という権力機構のうちに包摂してしまおうとすることであり、それは思想の自由と民主主義を破壊する抑圧的な全体主義への道であった。かくして、かつてのホルクハイマーのように、今やハーバーマスもまた選択の前に立たされたと言える。すなわち、ポパーのように、開かれた自由な討論の果しない過程のうちに全ての認識の真理性を委ねてしまうか、それともマルクス主義の伝統にあくまでも忠実に社会全体を巨大な類的主体と見なし続けるかである。そしてやがて彼は、この問題ではポパーにしたがって前者を選択し、認識の真理性を討論の無限の過程に託そうとする関心をコミュニケーション的行為における妥当性要求と呼ぶことになるのである。このように論争相手から学ぶことは、ハーバーマスの学問の一つの流儀であると言える。

社会科学の論理

一九六八年の『認識と関心』は多くの方面から厳しい批判を浴びた。そこから明らかになってきたのは、科学的な認識の真理性がそこで検証されていく巨大な主体としての社会全体という観念と、歴史を通じて自己形成を行なっていく自由な討論《ディスクルス》が行なわれる公共的な空間という観念とは、もはや両立し得ないということであった。この点に関して一定の理論的な決断を下したうえで、しかも実証主義的な社会科学に対抗するかたちで「社会理論の再構成」を目ざすことが、この時期からのハーバーマスの研究課題となった。一九七〇年に出版された論文集『社会科学の論理によせて』は、この方向に進むハーバーマスの研究の軌跡を記録している。

社会理論の再構成

この論文集の一九八二年の新版につけられた序文のなかで、ハーバーマスは、そこに収録された文献報告「社会科学の論理によせて」に言及して、一九六七年に発表されたこの論考が彼の「社会理論の再構成」の「出発点」となったと証言している。この論考では、「後期ヴィトゲンシュタインの言語哲学、ガダマーの解釈学、アルフレート・シュッツの現象学的なエスノメソドロジーなど」が取り扱われているが、それを書いた頃、「批判的社会理論は、意識哲学を根本に据《す》えた概念構成、カントとヘーゲル由来の伝統をもつその概念構成から脱却しなければならない」と確信するようになった、と彼は証言している。

このような思索の歩みを彼は次のように説明している。すなわち、社会科学は社会を研究対象とするが、この社会という対象は自然という対象とは本質的に異なっている。つまり自然対象は、いわば心を持っておらず、その行動はもっぱら外側から観察され、一般法則というかたちで定式化される。これに対して社会という対象は、人間の相互行為によって形づくられており、この「社会的な行為は、行為者自身が志向している目標や価値を参照することなしには、適切に把握することができない。」したがって、対象領域のこのような違いにもとづいて、自然科学と人文社会科学の区別が伝統的に設けられてきたのであった。

社会システム論の枠組　ところが、すでに述べられたように、実証主義は全ての科学を自然科学の範型の下に統合するという目標を掲げ、自然対象のように社会を認識して技術的に操作しようとする社会学を提唱してきた。ただし、人間の社会的な行為を動物の行動のように完全に外側から客観的に捉える行動主義的アプローチではどうしても不充分であって、ヴェーバーが提唱したように、社会的な行為を主観的な動機によって意味づけられたものとして説明する行為論的アプローチがやはり必要とされてくる。そうなると、実証主義の立場からすれば、このように主観的に意味づけられている行為を、できる限り、外側から客観的に捉えようと努力すべきだということになる。そして、その場合には、社会規範という価値にしたがって一定の目標を目ざして諸個人が行なう行為が形づくる社会的な連関それ自体は、これらの行為者の主観的な思惑を越えた客観的な意味を持っていると考えられ、この客観的な意味を捉えることが経験科学としての社会科学の任務であると見なされるのである。そして客観的な意味を持ったこの社会的な連関はシステムと呼ばれ、諸個人の行為はこのシステムにとって一定の機能を果たすものとして考察されることになる。かくして、このような機能主義的な仮定にもとづいて、このシステムを研究対象とする社会システム論が提起されるのである。その場合、社会というこのシステム全体が持つ意味を理解する仕方としては、職人モデルと舞台モデルと生物モデルの三つが考えられる。すなわち、このシステムは、神のような職人が自らの目的のために作動させているもので、この目的という意味を持つか、あるいは神のような作家・演出家が自らの主題を表現するために演出しているもので、この主題という意味を持つか、さらには生物のように環境のなかで自らの有機的構造を維持しようとしているもので、この自己保存という意味を持つかである。そして、経験科学的な機能主義は社会を操る神的な主体を仮定することはないから、最後の生物モデルが残されることになる。こうして社会システム論は、生物のように環境のなかで自己保存を行なう自然制御システムとして社会を経験的な自然科学と同じような仕方で認識しようとするのである。このような社会システム論は、タルコット・パーソンズによってその骨格が形づくられ、ニクラス・ルーマンによってドイツに輸入されて、精緻なかたちで展開されてきた。現代の実証主義的な社会科学の最も洗練された形態であるルーマンのこの社会システム論に照準を合わせて批判するなかで、自らの社会理論の再構成を行なわねばならない。ハーバーマスはそう考えるのである。

モノローグからディアローグへ　こうしてルーマンの社会システム論を批判的に検討していくなかで、ハーバーマスは、人類あるいは社会を自己反省する巨大な主体と見なす意識哲学的な前提を完全に放棄することになった。このことは、『社会科学の論理によせて』よりも、むしろ一九七一年にルーマンとの共著として出版された論文集『批判理論と社会システム論』において、より明確に示されている。

そこにおいてハーバーマスは、「意味的―対象的世界の間主観的構成の過程」について「統一的な超越論的主体を実体化することに対する原理的な異論」をルーマンが提出していることに言及した後で、「私自身もマルクスに結びついて、自己を世界史の主体として構成する人類という考え方を避けてはこなかった」と自己批判している。すなわち、反省というものは、発話する諸主体の意思疎通《コミュニケーション》という間主観的なかたちで理解されるべきもので、孤独な自我の独話《モノローグ》的な反省と言われるものは、この間主観的な対話《ディアローグ》という形態での反省の派生態に過ぎない。ところが、この点が正しく理解されていないと、反省の過程はたやすく実体化されて、一切の経験に先立つ超越論的な主体の内面での無言の独話と見なされてしまう。そして、ユダヤーキリスト教的な一神教の文化的背景のもとでは、この超越論的な主体は、これまたたやすく神格化されて、神のような絶対的主体へと高められて、例えばマルクスにおけるように人類がこのような自己反省する主体と見なされたり、『歴史と階級意識』のルカーチにおけるようにプロレタリア階級がそう見なされたりしてしまうのである。「マルクスの理論や彼の哲学的に反省する弟子たちの理論のなかに痕跡を残した」このような「唯物論の棘」を取り除かねばならない、と彼は明言するのである。

社会システム論への批判 そして、この自己批判にもとづいて、ハーバーマスはルーマンを逆に批判する。なぜなら、ルーマン自身もまた彼の社会システム論において孤独な自我システムの独話《モノローグ》的な過程という意識哲学的な立場から脱却していないように、彼には思われるからである。

すでに述べたように、ルーマンは、生物モデルにもとづいて、社会を生物個体のようなシステムと見なす。生物個体は環境世界と関係を持つなかで自己を維持するが、このことは、環境世界の持つ大きな複雑性を生物システム内部のより小さな複雑性の水準へと縮減するというかたちで環境世界に反応することによって行なわれる。このことによって生物システム内部の複雑性は増大する。この縮減は生物システムによる選択遂行ないしは問題解決として行なわれる。そして、ルーマンによれば、社会というシステムもまたこれと同じように理解されるが、その場合に、生物システムは生命によって統一されるのに対して、社会システムの方は意味によって統一されているという違いがある。したがって、この意味という概念はルーマンの社会システム論の中心的な概念である。

　ルーマンの社会システム論に対するハーバーマスの批判は、この意味の概念に関して展開される。社会が意味を媒介にして統合されているということについては、ハーバーマスも基本的に賛成する。しかし彼は、ルーマンのように意味概念を捉えることには反対する。ルーマンによれば、意味が持っている独特の機能は、選択遂行ないしは問題解決というかたちで複雑性の縮減をもたらすことである。このことは、具体的に言えば、別の体験や行為の選択肢をたんなる可能性として残しておき、そのうえで一定の体験や行為だけを選択して現実化させるということである。しかし、ハーバーマスによれば、ルーマン自身も認めているように、もし意味というものが情報交換に際して同一の意味として維持されるものだとすれば、そのようなものとしての意味は、意思疎通《コミュニケーション》において同一の意味として間主観的に合意されたものとしてしか考えられない。しかも意味に含まれる否定の作用のうちに、たんなる可能性として現実化されない体験や行為の選択肢が残されるということは、意思疎通《コミュニケーション》による討論《ディスクルス》という相互行為の型式を離れては考えられない。なぜなら意味は意思疎通《コミュニケーション》においてようやく可能となるだけでなく、意思疎通《コミュニケーション》による討論は、コミュニケーション的行為のように一つの体験や行為の可能性を現実化するのではなく、それらの複数の可能性を留保したうえで行なわれる社会的な相互行為だからである。しかし、意味をこのように言語的な意思疎通《コミュニケーション》と討論に本質的に関わるものとして対話《ディアローグ》的に捉えるかわりに、ルーマンはこれを選択遂行・問題解決というかたちでもっぱら独話《モノローグ》的に捉えているのである。

すでに述べたように、自然科学の方法にしたがって社会的な行為というものをできる限り外側から捉えようとする実証主義的な傾向によって、ルーマンの社会システム論は、社会的な行為を支えている意味というものを努めて行為者の主観から独立したものとして捉えようとする。しかし、意味というものは本質的に言語的な意思疎通《コミュニケーション》や討論《ディスクルス》と結びついているのであって、結局のところ、他者と対話する行為者の主観を離れては適切に理解され得ない。こうして「ルーマンは、意味を言語以前のカテゴリーと見なすことによって免れようとしたディレンマから、結局のところはやはり逃れることができない。彼は、切り詰められていない意味カテゴリーか、それともシステム理論の準拠枠のいずれかを断念しなければならないのである。」また、意味をこのように理解して社会システム全体を技術的に操作しようとする部分システムとして捉えられる社会システム論それ自体が、意識哲学的な立場に立っているのであって、そのことが、このように独話《モノローグ》的に切り詰められた意味カテゴリーをもっともらしく見せているのである。

生活世界と言語と文化的伝統　論考「社会科学の論理によせて」のなかでハーバーマスは、ルーマンのこのような実証主義的アプローチとは異なって、社会的な行為の意味を行為者の主観という内側から捉えるための三つのアプローチについて論じている。それらは、現象学的アプローチと言語学的アプローチと解釈学的アプローチである。

このうち現象学的アプローチにおいてハーバーマスは、彼の社会理論の一つの中心的概念となる生活世界の概念を獲得している。社会的な行為はつねに何らかの規則性をもって行なわれており、この規則性によってこれらの行為は社会という秩序だった組織体を形づくっている。民族によってさまざまに異なるが、それでも全ての社会の基礎をなしているこの規則性について研究する学問分野としての民族方法論《エスノメソドロジー》は、現象学的な方法を用いることによって、独自の知見を獲得した、とハーバーマスは考える。すなわち、社会的な行為は意思疎通《コミュニケーション》を欠いてはあり得ないが、この意思疎通《コミュニケーション》を支えているのは、われわれを取り巻く日常的な世界が示している自明的で分かりきった構造である。われわれは、生まれた時から言葉の使い方を学んだり、さまざまな社会的な行為の意味を学んだりすることによって、日常的な生活がどのようなものかについて膨大な「手持ちの知識の貯え《ストック》」や「常識的知識」といったものを身につけている。いつの間にか身体に習慣として蓄積されて、必要に応じて無意識的に使うことのできるこのような「先行知」をもとにしてはじめて、われわれは意思疎通《コミュニケーション》を行なうことができる。社会的な行為が行なわれる際につねに前提されているこの自明な世界、多くの人間にとって同じように類型的・規則的に構造化されているこの見慣れた世界、この世界のことをシュッツは、後期フッサールの現象学的研究にしたがって、生活世界と名づけ、その構造を解明することを自らの現象学的社会学の課題とした。このような現象学的アプローチは「意識分析の諸限界を越え出ることはあり得ない」ので、本質的に他者との意思疎通《コミュニケーション》に関わる言語使用の際の規則を具体的に認識することはできない、とハーバーマスは批判する。しかし彼は、社会的な行為の基礎である文化伝承と社会連帯と人格統一を支える領域として、この生活世界という概念を受け入れるのである。

次に、社会的な行為を認識するための言語学的アプローチにおいて、ハーバーマスは、ヴィトゲンシュタインの後期の言語哲学で示された「言語ゲーム」と「生活形態」という概念について検討している。ウィーンに生まれたヴィトゲンシュタインは、一九二二年に出版した『論理哲学論考』において、「写しの理論」を提唱したが、それによれば、経験的な認識の真理性は、命題の論理形式のうちに感覚世界の事実が鏡像のように模写されていることのうちに存していた。そしてこの立場は、もっぱら世界の事実を写そうとするだけの普遍言語を科学のために作ろうとする彼の構想とともに、ウィーン学団の論理実証主義の基礎となった。しかし、ヴィトゲンシュタイン自身は、一九二九年にイギリスへ移住してから、『論考』の立場に根本的な変更を加えた。一九五三年に出版された『哲学探求』によれば、言語にはたんに世界の事実を記述するという以外に無数の機能があり、しかも事実を記述するということそのものも、世界の事実をたんに鏡像のように写すということではあり得ない。むしろ言葉を語るということは、一定の仕方で社会的に行為するということであり、事実を記述するということは、世界のなかの対象を一定の仕方で自らの実践に組み込むということなのである。さらに彼によれば、このように言語を多様な形態で用いる時に、対話者たちは一定の規則にもとづいて相互行為を行なっている。この「言語と実践とからなる複合体」のことを、ヴィトゲンシュタインは言語ゲームと名づけ、この言語ゲームの規則のうちに一定の社会形態の持つ規則性が示されていると見なしたのである。こうしてハーバーマスによれば、後期のヴィトゲンシュタインは、生活形態という概念によって生活世界の構造を言語使用の規則として解明する道を開くとともに、言語ゲームという概念によって社会的な行為の基本型としてのコミュニケーション的行為の構造を言語学的に解明する展望を与えているのである。

ルートヴィッヒ・ヴィトゲンシュタイン

最後に、社会的な行為を認識する解釈学的アプローチにおいて、ハーバーマスは、社会的な行為の意味を捉えるための彼の基本的概念である生活世界とコミュニケーション的行為に関するこれら二つのアプローチをさらに補完する視点を見出している。すでに述べたように、ガダマーは一九六〇年の『真理と方法』において、他者の言葉やテクストの意味を解釈することによって得られる認

ハンス＝ゲオルク・ガダマー

識や経験に関する解釈学的研究によって世界的名声を獲得したが、その際に彼が強調したのは、このような解釈や理解が基本的に開かれた地平を持っていることであった。すなわち翻訳という作業が示しているように、われわれの言語とそれを支える生活世界は決して閉鎖されたものではなく、他の言語と生活世界に対して開かれている。人間は自国の言語を学ぶことを通じて、ありとあらゆる言語とそれに固有な生活世界の構造をわがものとできるのである。一定の言語共同体の内部での意思疎通《コミュニケーション》は、翻訳を通して地誌的にも歴史的にも遠く隔った言語共同体へと広がることができるのである。

このように言語と生活世界が開かれた地平構造を持ち、解釈学的な相互理解によって「諸地平の融合」がもたらされることを示した点で、ハーバーマスはガダマーを高く評価する。しかしその一方で彼は、ガダマーの解釈学が「実証主義による解釈学の過少評価にはからずも迎合している」と批判する。すなわち、他者の発言やテクストが、客観的な事実に関する科学的認識を表現している場合には、発言やテクストの内容は、実証主義者が指摘するように、つねにこの事実に関して検証されたうえで、真理として受け入れられるのであって、その限りでは聞き手や読者は、発言内容やテクストの内容からは批判的に距離を置くことができる。しかし、解釈や理解において、他者が発言やテクストに込めた意味がそれ自体としてどのようなものであるかについて解釈学的な真理が求められる場合には、聞き手や読者はこのように発言やテクストから批判的に距離をとれない。すなわち、解釈学的円環において述べられたように、この解釈学的な真理は、もしそれが得られるものならば、つねに一定の先行的な解釈にもとづいて獲得されるのであって、この先行的な解釈それ自体は解釈者によって先入見として無批判的にすでに受容されていなければならないのである。こうしてガダマーによれば、全ての解釈や理解は、先行的な解釈にもとづく限りでは、無批判的に受身的に受容されるものであって、この点で科学的認識とは全く異なったものである。そして、このようにして解釈や理解を通じて文化的な伝統が一つの権威として生き生きと伝承されていくのである。ガダマーの解釈学のこのような保守主義をハーバーマスは批判する。解釈や理解を通じて伝承されていく文化的伝統の権威は、解釈者による批判と変革を許さぬほど強力なものではない。むしろ解釈者には、一方では先行的な解釈によって発言やテクストの意味を理解しながら、他方では科学的な認識の場合と同じように、この先行的な解釈を批判的に意識にのぼらせ、それとは別のかたちの言語使用を創造していく余地がつねに与えられているのである。そのきっかけとなるのは、コミュニケーション的行為を円滑に行なおうとする対話者たちの意向である。「ガダマーは、理解における先入見の構造への洞察を、先入見そのものの復権へと転化させる」が、そのようなかたちで「権威と認識とは収斂しない」とハーバーマスは結論している。

「解釈学の普遍性要求」

ハーバーマスは、一九六七年の論考「社会科学の論理によせて」のなかでは、まだ『認識と関心』の理論的枠組にしたがって、先行的な解釈をもたらす先入見に対してこのように批判的に距離をとることを反省の作用と見なしていた。そして、彼によれば、このような反省の経験は、ドイツ観念論からもたらされた「失うべからざる遺産」であった。しかし、一九七〇年にガダマーの古稀の記念論文集に寄稿され、翌年に『解釈学とイデオロギー批判論』という論文集に再録された論文「解釈学の普遍性要求」においては、ハーバーマスは、ガダマーに対するこの批判を、反省という独話《モノローグ》的で意識哲学的な概念を用いて行なうことを止めている。そこでは、ハーバーマスは、過去の時代のテクストや外国語による発言の翻訳をも含めて、あらゆる解釈や理解を、意思疎通《コミュニケーション》そのものを目的として行なわれる社会的な行為と見なす。すなわち、われわれは意思疎通《コミュニケーション》によって互いに理解し合うことによって一定の目的に向けてコミュニケーション的行為を行なうが、その際にはまず意思疎通《コミュニケーション》によって相手方の意図が正しく解釈されて理解されねばならない。特にこのことのために行なわれるのが、解釈的になされる理解という行為である。解釈と理解を目ざすこの行為は、相手方の発言やテクストのうちで、何らかの理由でその意味が腑に落ちずに疑わしい箇所について、納得できるまで討論することをつねに含んでいる。そしてこのように討論することは、発言やテクストの意味を理解したうえで、それを誤まったものとして否定することをも可能とするものであり、またそれは、過去の歴史的な人物のように相手が不在の場合でも、相手を仮想して反省的に行なわれうるものなのである。こうしてハーバーマスはガダマーを批判して、啓蒙された解釈学を目ざす。「それは理解を理性的な対話の原理に結びつける。そしてこの原理によれば真理は合意によってのみ保証されるであろうし、この合意は無制限で支配から解放された意思疎通《コミュニケーション》という理想的な条件の下で目ざされ、長期にわたって主張されうるであろうものなのである。」

「普遍的語用論とは何か」　このようにハーバーマスは、社会的な行為を内側から認識していくための三つの学問的アプローチを批判的に検討し、それらの知見を綜合するかたちで、社会的な行為を支える言語使用の全体的な構造を解明することになった。その研究成果は論文「普遍的語用論とは何か」のうちに見られる。この論文は、当初はアーペルの編集した論文集『語用論と哲学』に発表され、後に一九八四年の論文集『コミュニケーション的行為の理論のための予備研究と補遺』に再録された。

この論文のなかでハーバーマスはまず、プラグマティズムの知的伝統のなかでパースの後を継いで普遍的語用論の端緒をつくったチャールズ・モリス（一九〇一～一九七九）の記号論や、ルドルフ・カルナップ（一八九一～一九七〇）の論理学や、ノーム・チョムスキー（一九二八～）の生成文法論などの成果を踏まえて、言語使用というきわめて複雑な領域を取り扱う諸学問のうちで普遍的語用論の占める位置を確定する。それによれば、言語使用の規則は、二つの側面から捉えられる。その一つは、語られた文の持つ規則性という側面であって、これは伝統的に言語学の対象となってきた。このうち、特定の言語の動詞や名詞といった品詞の性・数・格・人称・時制などに関する言語規則は、言語学のなかでの文法学の対象となり、このような規則に通った文を作る能力の基礎となる深層の規則体系は生成文法論の対象となってきた。また、この文を構成する各々の要素それ自体が規則性を帯びていて、音声に関する規則性は音韻論の対象となり、最小の意味単位としての単語の配列に関する規則性は統辞論《シンタックス》の対象となり、語や文の意味内容のもつ規則性は意味論の対象となってきた。そして、いま一つは、言葉を語るという社会的な行為がもつ規則性という側面であって、これが語用論の対象である。そして、このうち特定の言語行為の規則は経験的語用論の対象となるのに対して、「任意の言語行為における文の配置の規則」を対象とするのが普遍的語用論である。この普遍的語用論による分析は言語行為の三つの側面に関わる。すなわち、客観的世界の事実に関する「同定と述語の行為」という側面は「基本文の理論」の対象となり、「人格間の関係の創出」という側面は「発語内的《イロキューショナル》行為の理論」の対象となり、話者の「意図の言語的表明」という側面は「意図的表現の理論」の対象となる。

コミュニケーション的行為の真理性・正当性・真実性　こうして普遍的語用論の位置と内部編成を確定したハーバーマスは、その三つの側面についてさらに解明していく。その際に彼は、後期ヴィトゲンシュタインの言語哲学をさらに発展させたJ・L・オースティンとジョン・サールの言語哲学の研究に依拠している。オースティンが指摘したように、言葉を語るという行為は、一定の文法的な意味をもった言葉を語るという発語的《ロキューショナル》行為であると同時に、話者がそれによって或る目的を実現しようとする発語内的《イロキューショナル》行為でもある。このうち前者は言語学の対象であり、後者が語用論の対象である。例えば「私は明日行く」という言葉は、発語的《ロキューショナル》行為としては、文法にもとづいて一定の意味を表現しているが、それと同時に、発語内的《イロキューショナル》行為としては、その言葉が発せられた状況にしたがって、約束のような一定の社会的な行為を遂行している。それ故に、「私は明日行く」という言葉は、例えば「私は明日行く、とあなたに約束する」というかたちの言語行為として表現されうる。このうち「私は明日行く」という命題的部分は、発語的《ロキューショナル》行為としてみれば、文法的意味をもった一つの文として理解されるが、それと同時に発語内的《イロキューショナル》行為としてみれば、世界の(うちに今後起こる)事実を記述していて、これは真理か虚偽でありうる。これに対して、「…とあなたに約束する」という部分に対応する発語内的《イロキューショナル》行為は、話者による約束行為を表わしており、これは正当であったり不当であったり、真実であったり偽瞞であったりする。そして、ここからハーバーマスは、このような構造をもつ全ての発語内的《イロキューショナル》行為においては意思疎通《コミュニケーション》の三つの様相が区別されうると指摘する。すなわちそれは、「私は明日行く」というような真偽に関わる命題的内容を述定するという認知的な様相と、正当にも「…とあなたに約束する」というような規範的な正当性に関わる人格間関係を創出するという相互行為的な様相と、心から「…とあなたに約束する」というような真実性に関わる話者の意図の表明という表出的な様相である。したがって言語行為は、発語的《ロキューショナル》行為として文法に適った文が発語されるだけでなく、さらに発語内的《イロキューショナル》行為としてこの三つの側面における真理性と正当性と真実性の規準が満たされてようやく、適切なかたちで遂行されるのである。すなわち、「私は明日行く、とあなたに約束する」というかたちの言語行為は、「私は明日行く」という命題の意味が理解されうるとともに、さらにそれが事実に合致していて（真理性）、加えて私が約束することが適切であるような状況があって（正当性）、しかも私が嘘偽りなく心から約束している（真実性）時にのみ、言語行為として適切なかたちで遂行されたことになる。そして、このような構造を持つ言語行為を、ハーバーマスはコミュニケーション的行為と呼んで、彼の社会理論の中心的な概念とするのである。

ハーバーマスによれば、コミュニケーション的行為のこのような構造に関連して、三つの事柄が指摘される。その一つは、コミュニケーション的行為と討論《ディスクルス》との区別である。言語による意思疎通《コミュニケーション》が行なわれて、そこに話し手と聞き手の間の合意が成立するならば、コミュニケーション的行為という相互行為が成立するが、もしも合意内容が疑問視されるならば、それについて討論が行なわれて、コミュニケーション的行為の回復が目ざされる。このような目的を持った特殊なコミュニケーション的行為としての討論の概念は、やがてハーバーマスにとって社会的な行為と社会そのものの合理化を考える際の鍵を提供することになる。二つ目は、真理の合意説が成り立つということである。真理というものを言明と実在との間の何らかの対応関係として説明しようとする存在論的真理説が西欧思想では優勢であったが、言明の持つ真理性というものは、それに関わる対話者たちの合意にもとづくものである。世界の事実を記述する言語的表現は、それを用いてコミュニケーション的行為を行なうことについて、対話者たちが合意する時にはじめて真理と見なされるものであって、その意味で真理性はコミュニケーション的行為の際に暗黙の合意として前提され、討論において改めて合意に向けて追求されるものなのである。この真理の合意説はパースとポパーに従ったものである。ただし、ハーバーマスにとって、この合意は真理性だけでなく、規範的な正当性と表出の真実性にも関わるものである。最後に三つ目として、全てのコミュニケーション的行為において理想的発話状況という観念が暗黙のうちに前提されているということが挙げられる。すなわち、ハーバーマスによれば、討論や合意といったことがコミュニケーション的行為を支える基本的要素である限りでは、当事者たちは、全く強制なしに自由に合意がもたらされたり、合意を目ざして全く強制なしに自由に討論が行なわれたりできるような理想的な状態を必然的に前提して行為しているのである。

妥当性要求と討論　このようにハーバーマスは、普遍的語用論の研究対象となる言語行為あるいはコミュニケーション的行為について概括的説明を行なう。すなわち、道具的な行為となならんで人間の行為の基本型をなす社会的な行為は、両手を挙げて喜びを示すような象徴的行為と、恋人に早く自分に結婚を申し込ませるためにわざと他の男性と親しく会話するというような戦略的行為と、そしてコミュニケーション的行為に分けられる。このうちコミュニケーション的行為は、それが明確な構造をもった言語を用いての意思疎通《コミュニケーション》を通して行なわれる限りでは、つねに一定の妥当性要求を掲げて行なわれ、この要求が満たされた時にのみ、社会的な関係を創出したり調整したりできる。このうち、一定の文法にしたがって理解可能で有意味な文を発言し、意思疎通《コミュニケーション》を成立させようとすることによって、理解可能性という妥当性要求が掲げられるが、これらの事柄は言語学の研究対象とされてきた。これに対して、普遍的語用論の研究対象とされるコミュニケーション的行為の側面では、つねに三つの妥当性要求が問題とされる。すなわち、コミュニケーション的行為は、世界の事実が記述される際に、真理性という妥当性要求が満たされ、社会的な人格間関係が創出される際に、規範的正当性という妥当性要求が満たされ、さらに主観的体験が表現される際に、真実性という妥当性要求が満たされる時にのみ、成功裡に遂行されるのである。そして、これらの妥当性要求は、必要とあらばつねに自由で強制なき討論《ディスクルス》の主題とされて、それに関する合意が目ざされるべきことが、コミュニケーション的行為とともに前提されているのである。

ハーバーマスによってこのように捉えられた普遍的語用論は、彼がそれまでの思索で取り組んできた諸問題を新たなかたちで統合する枠組を提供することになった。すなわちそれは、社会科学が、実証主義とは異なって、社会的な行為を内側から捉えようとする際に視界に入ってくる生活世界における基本的な行為の型式を明らかにする。そのような行為としてのコミュニケーション的行為は生活世界の背景のもとで行なわれるが、逆にそれによって生活世界の構造化とそこでの文化的伝統の継承と個人の人格形成が可能となるのである。次に、ポパーやパースによって解明された自然科学的認識の発展や、技術的関心に導かれた経験科学的認識の進歩や、労働の領域での科学技術の進歩としての合理化などは、コミュニケーション的行為における真理性の妥当性要求を廻る討論《ディスクルス》を通じて行なわれていくものなのである。また、民主主義の理念の実現や政治的な公共性における市民の政治参加や相互行為の制度的枠組に関わる合理化は、コミュニケーション的行為における規範的な正当性を廻る討論《ディスクルス》を通じて行なわれていくものなのである。そして最後に、最も重要なこととして、民主主義への志向や社会批判や抑圧されぬ意思疎通《コミュニケーション》を目ざす解放への関心は、もはや社会という巨大な主体の自己反省という意識哲学的なかたちでは考えられなくなる。むしろそれらは、真理性と正当性と真実性という妥当性要求を掲げて行なわれるコミュニケーション的行為がますます自由な合意にもとづいて行なわれるようになるという合理化への努力として考えられ、さらにこれらの妥当性要求に関する討論が無制限で自由な理想的条件の下で行なわれるようになることへの努力として構想されるのである。

現代社会における妥当性要求　こうしてコミュニケーション的行為を社会科学の中心的な概念として確立して、類的主体の自己反省という超越論的反省哲学の枠組を放棄したハーバーマスは、『学生と政治』から『公共性の構造転換』を経て『〈イデオロギー〉としての技術と科学』に到るマルクス主義的な社会批判を、新たな観点のもとで展開している。それは、一九七三年の『晩期資本主義における正当性の諸問題』と一九七四年の論文集『史的唯物論の再構成に向けて』に示されている。

『晩期資本主義における正当性の諸問題』においてハーバーマスは、『学生と政治』から一貫して批判的分析の対象としてきた現代資本主義社会とその政治体制としての社会国家をコミュニケーション的行為論の観点から考察している。その際に彼は、ルーマンの社会システム論を部分的に受け入れるかたちで、社会が「システムでもある」ことを認めている。すなわち社会のうちには、諸個人の意図や思惑を越えて自律的に機能する部分がある。市場とそこに組み込まれて商品やサーヴィスを売買する個人や企業などの活動は経済システムを構成し、官僚機構を備えた国家や自治体などの活動は政治的・行政的システムを構成し、マスコミ機関や教育機関や各種文化団体などは文化的システムを構成している。これらは、かつて相互行為の制度的枠組と呼ばれていたものにほぼ対応しているが、誰の意図や思惑にも従うことなく、システムそれ自体の存続を目ざして自律的に機能している。かつてのハーバーマスによれば、社会全体は相互行為の領域とともに労働の領域によって構成されていた。今や彼は、社会全体が、相互行為の領域をほぼ包摂するこれらの部分的システムによって支えられているとともに、外的自然に働らきかけて財貨を生産する労働の生産力によって支えられていると考える。そして彼は、ルーマンとは異なって、社会を支えるもう一つの要素をつけ加える。それは規範的諸構造であって、それによってコミュニケーション的行為が可能となって人々の社会的な関係が調整されることによってようやく、これらの部分システムは維持され、さらにはそこにおいて発揮される労働の生産力もまた維持されるのである。すでに述べたように、コミュニケーション的行為が成立するためには、真理性と正当性と真実性に関する妥当性要求が満たされねばならないが、このうち社会的関係を創出するための正当性要求を中心として、一般にこれらの妥当性要求が満たされる基盤がこの規範的諸構造である。したがってそれは、コミュニケーション的行為がそこで行なわれたり、その妥当性要求を廻る討論《ディスクルス》がそこで行なわれたりする領域としての生活世界の諸構造に他ならない。そして「社会進化は、生産力の発展とシステム自律性（権力）の強化と規範的諸構造の変化という三つの次元で起こる」と彼は考える。このように社会進化を考える際にコミュニケーション的行為を支える妥当性要求を視野に入れることによって、ハーバーマスはルーマンの社会システム論を批判する。「社会はたしかにシステムでもあるが、しかしその運動様式はたんにシステム自律性（権力）の拡張の論理のみに従うわけではない。社会進化はむしろ生活世界の論理の境界内で推移し、この世界の諸構造は言語によって形成される相互主体性によって規定され、批判可能な妥当性の承認請求に依存しているのである。」

体制の危機は正当性の危機　すでにハーバーマスが『学生と政治』からつねに指摘してきたように、現代の資本主義社会は、市場のような経済的システムに対して国家のような政治的・行政的システムが政策を通して不断に介入することによって特徴づけられている。このような構造変換によって資本主義体制の危機はかつての自由主義的資本主義体制の場合とは異なったかたちをとる、と彼は考える。かつてのように市場における自由な売買が富の公平な分配を保証すると見なされて、ブルジョワ的法治国家はこの自由な取引と私的所有を保証するだけの機能をもつとされていた頃は、体制の危機は失業や不況や恐慌のような経済システムの制御問題としてもっぱら現れてくる。これに対して、国家が社会国家として経済政策や社会福祉政策によって経済システムに介入してくるようになると、体制の危機は、既存の経済システムと政治的・行政的システムとそれらの間の社会政策的な相互作用の規範的な正当性をいかに大衆に納得させて、彼らの忠誠を獲得するかという体制の正当性の問題として現れてくるのである。そして既存のシステムを温存し、そのことによって資本主義に固有の階級関係を温存しつつ、このことを行なおうとすれば、社会国家は社会福祉政策によって大衆に物質的富を確保させることで体制の規範的な正当性を買収せねばならず、しかもますます高い値段で買収せねばならなくなる。こうして後期資本主義の場合には体制の危機は正当性の危機として現れてくる。ルーマンにおいては、社会システムを維持するようなかたちで人間というシステムの行為を導くものは意味であるとされたが、この意味という概念を用いて、ハーバーマスはこの事態を次のように表現している。「《意味》は稀少資源であり、これがいよいよ稀少になっていく。…要求水準の上昇は正当性需要の増大に比例する。…体制に即した報酬への請求が可処分価値量よりも急速に上昇しはじめるやいなや、あるいは体制に即した報酬では満たすことのできない期待が生ずるやいなや、正当性の危機は発生するのである。」

抑圧なき討論と民主主義

こうしてハーバーマスは、ルーマンの社会システム論に自らのコミュニケーション的行為論を対置し、そこから後期資本主義体制の危機を社会システムの技術的な制御に関わるものとしてではなく、むしろ社会の規範的諸構造における正当性に関わるものとして捉える。経済的ならびに政治的・行政的な部分システムを含めて社会というものは、言語的な意思疎通《コミュニケーション》にもとづく相互行為によって支えられており、生活世界におけるこのようなコミュニケーション的行為は妥当性要求が満たされる時、ようやく適切なかたちで遂行される。現代の資本主義体制の危機は、このうち規範的な正当性に関する妥当性要求がますます満たされなくなっていくということなのである。ここから彼は、この体制的危機に対する実証主義的な対応策に反対して、自らの批判理論的な対応策を提示し、そのことによってマルクス主義的な資本主義社会批判の知的伝統を継承していこうとする。

すでに述べたように、ルーマンの社会システム論を含めて一般に実証主義は社会を外側から客観的に捉え、技術至上主義《テクノクラシー》の立場にもとづいてこの社会を科学技術的知識によって首尾よく制御しようとする。したがって後期資本主義体制の危機に対しても実証主義は、社会の部分システムが強固に安定するようにますます巧妙かつ強力に政策的介入を行なうことを目ざす。これに対してハーバーマスは、コミュニケーション的行為を支える規範的な正当性の妥当性要求に関する自由で抑圧なき討論《ディスクルス》を通じてこれらのシステムそのものを変化させることによってしか、この危機に根本的に対処することはできない、と主張する。「正当性の危機は、後期資本主義の潜在的な階級構造が転形されるか、それとも行政体系の上にのしかかっている正当性要求の重荷が取り除かれる時にのみ、長期的に回避されるのである。」したがって、ハーバーマスによれば、実証主義が民主主義への信頼を失って、これに冷笑的態度をとるのに対して、批判理論は市民の広範な政治的な参加という概念を挺子《てこ》にして、民主主義の理念の貫徹を目ざす。また、そのことによってしか体制的危機は根本的には克服され得ない、と彼は論ずる。なぜなら、コミュニケーション的行為が正当性という規範的要素に支えられていることから見ても、社会というものはあくまでも道徳的な意味をもった実在であって、この道徳的な意味としての規範的な正当性を物的・経済的な価値によって代替させることは結局できないからである。すでに『認識と関心』において、解放への関心と抑圧された対話との関係についての精神分析学的考察によって示されたように、彼によれば、正当性要求を含めて一般に妥当性要求が満たされぬままに行なわれるコミュニケーション的行為は、必ずや個人の人格構造に破壊的影響を及ぼし、その生活世界を荒廃させて狂気や孤独や死に到る精神病理的現象をもたらすのである。

「史的唯物論の再構成に向けて」　論文集『史的唯物論の再構成に向けて』においては、ハーバーマスは、史的唯物論として歴史発展の理論でもあったマルクスの社会理論をコミュニケーション的行為論の立場から再構成しようとしている。またその際に彼は、マルクス主義的な批判をフロイトの精神分析学的な知見と結びつけてきたフランクフルト社会研究所の知的伝統を継承し、さらに『認識と関心』における彼自身の精神分析学的研究を発展させている。加虐主義《サディズム》と被虐主義《マゾヒズム》についてのエーリッヒ・フロム（一九〇〇〜一九八〇）の研究、権威と家族に関するホルクハイマーの研究、権威主義的人格における偏見形成の機制《メカニズム》に関するアドルノの研究、エロス的衝動と社会との関係についてのマルクーゼの研究、抑圧された意思疎通《コミュニケーション》からの解放への関心についてのハーバーマス自身の研究は、こうしてコミュニケーション的行為論の枠組のなかへ統合されることになった。

すでにハーバーマスは『〈イデオロギー〉としての技術と科学』のなかで、労働と相互行為を社会的活動の二つの基本的な型式と見なし、この両者の各々に独自の進歩と合理化の過程が認められねばならないとしてきた。そしてこの点において彼は、労働の領域における生産力の発展という下部構造の変化が法律的・政治的な社会組織という上部構造の変化を引き起こすというマルクスの史的唯物論の立場を批判してきた。そして彼は、この著作においては、コミュニケーション的行為論の理論的枠組にもとづいて自らの史的唯物論を展開している。その際に彼は、フランスの心理学者ジャン・ピアジェとアメリカの心理学者ローレンス・コールバーグの発達心理学の研究成果を利用している。ハーバーマスによれば、法と道徳はコミュニケーション的行為を支える規範を確立して、コミュニケーション的行為を可能とするものであるが、生活世界の規範的諸構造のうちに織り込まれているこのような法と道徳とそれによるコミュニケーション的行為の形態は、個人と社会の両方において同じようなかたちで発展していく。したがって幼児・児童の道徳意識と相互行為の発達過程に関する発達心理学の成果を用いて、社会の相互行為の形態の合理化過程を理解できるのである。

ピアジェとコールバーグの指摘によれば、個人の道徳意識と相互行為は、大まかに見れば、三段階を経て発達する、とハーバーマスは説明する。すなわち、就学前の幼児は、社会規範をたんに他者による報賞と処罰に結びついたものとしてのみ理解して、快い報賞を得て辛い制裁を避けるために道徳的に行為する。次に児童は、社会規範にもとづく行為を、自己と他者を等しく拘束する普遍的な原則にもとづくものとして理解し、このような規範を絶対的権威として受け入れて道徳的に行為する。そして最後に青年は、社会規範をたんにその普遍妥当性において理解するだけでなく、その歴史的・地域的な相対性においても理解し、その妥当性要求を批判的な討論《ディスクルス》に付して、新たな社会規範を合意によって創出できるようになるのである。ハーバーマスによれば、この過程にほぼ対応して、相互行為を支える法と道徳に関する社会進化もまた、神話的世界像と結びつけられた法と道徳によって、一定の相互行為が神々の報賞と制裁を根拠に命令される段階から出発する。そして次に、この法と道徳が伝統的な権威を帯びて既存の社会秩序を維持するものとして尊重される段階を経て、ついには全ての法や道徳がその妥当性要求を自由に批判され討論されて変更されうる段階に達すると考えられるのである。社会進化のこの最後の段階を、ハーバーマスは、ヨーロッパの近代社会に固有の啓蒙と合理化の段階として理解する。そしてコミュニケーション的行為を支える規範的な正当性要求がますます自由で非抑圧的なかたちで討論されるようになるというこの近代化・合理化あるいは民主化をさらに推進することのうちに、ハーバーマスは自らのマルクス主義的な史的唯物論の目標を見出すのである。

コミュニケーション的行為の理論

ハーバーマスの主著　一九八一年に出版された『コミュニケーション的行為の理論』はハーバーマスの主著であり、彼のそれまでの研究の集大成をなしている。二巻本で千ページを越えるこの大著は、近代社会をその全体において理論的に認識しようとする壮大な知的営為を示しており、また特に二〇世紀に行なわれたこの種のあらゆる理論の成果が批判的に摂取されているという点でも画期的な著作であると言える。すでに述べたように、思想家としてのハーバーマスはヘーゲルに似た気質の持主であって、この作品は、ヘーゲルにとっての『エンチクロペディー』と似た位置を彼の思索のうちで占めている。ただし彼自身はこの著作のなかではタルコット・パーソンズの社会学を意識的に自らの模範としているように思われる。「同時代人の中で、パーソンズの理論に匹敵する複合性をもった社会理論を展開した人は誰もいなかった。」「抽象性と分節性、個別的な研究分野の文献に同時に目配りすることと結びついた社会理論のもつ視野の広さと体系性、この点に関してパーソンズが残した業績に匹敵するものはない。」「……パーソンズは、熱心にしかも絶え間なく同じ分野の古典的著作家と対話し、自らの理論をそのような伝統と関連づけてきたが、この点で彼に匹敵する多産的理論家は見当らない。」これらの言葉はハーバーマス自身にもほぼ当てはまるものであり、彼がいかなるかたちの学問的研究を目ざして、一九七七年からこの著作に取り組んできたかを示している。また同時に、彼が理論的に指導してきた六〇年代末の学生反乱が悲惨なテロ行為のうちに自滅していった時期に執筆されたこの著作は、ドイツを西ヨーロッパ諸国から分断してきた反民主主義的な知的伝統との最終的な訣別を示しており、結局は政治を暴力に結びつけてきたこの知的伝統の呪縛のもとで倒れていった学生たちに対する苦い理論的な自己批判としても読むことができよう。

この著書の前書で述べられているように、ここではコミュニケーション的行為の概念に関して三つの主題が論じられている。一つは「コミュニケーション的合理性」の概念であり、いま一つは「近代《モデルネ》の理論」であり、最後の一つは「生活世界とシステム」という「社会の二層の概念」である。これら三つの主題が重層的に関連し合って、近代社会の全体に関する批判理論がかたちづくられている。

コミュニケーション的合理性　コミュニケーション的合理性について論ずるにあたってハーバーマスは、真理の合意説を含めてコミュニケーション的行為における妥当性要求に関する事柄をコミュニケーション的合理性という概念にまとめて論じている。「思惟と行為との合理性は、哲学において伝統的に取り扱われてきた主題である」という意味で、「哲学の基本的な主題は理性である」と言えるが、ハーバーマスによれば、このような合理性あるいは理性は、言語による意思疎通《コミュニケーション》における批判と根拠づけに本質的に関連している。すなわち合理的であるということは、コミュニケーション的行為が行なわれる際に、発言の真理性と正当性と真実性に関する妥当性要求が批判を受けて討論《ディスクルス》のなかで吟味されうるということであり、必要とあれば訂正されうるということである。したがって合理的な態度とは、さまざまな妥当性要求について率直に討論する用意があり、そこで問題となっている妥当性要求に対して懐疑的にふるまい、その根拠について説得力ある説明を探究して受け入れるような態度のことである。人間はコミュニケーション的行為によって自らの社会的な相互関係を創出するが、その際に客観的世界の事実と社会的世界の規範と主観的世界の意図に関わる妥当性要求について、やがてはこのように批判と討論を行なうようになり、そしてこの批判と討論を通じてこれらの世界とそれへの関係を変化させていくようになる。このような歴史的な変化過程が合理化と言われるものである。かくして、一九三〇年代にウィーン学団が示唆したように、理性とは討論そのものなのである。

そしてハーバーマスは、アメリカのプラグマティズムの社会学者ジョージ・ハーバート・ミード（一八六三〜一九三一）とフランスの社会学者エミール・デュルケイム（一八五八〜一九一七）の研究に依拠しながら、このコミュニケーション的合理性の形成過程を個人と社会の双方において具体的に跡づけている。

ミードは、記号に媒介された相互行為の構造を解明しようとするが、その際に鍵となる事柄は、「他者の態度の取り入れ」ということである。すなわち、まず最初に自分の身振りに対して相手が反応する仕方を自分のうちに内面化することによって、そもそも人間は相互行為に参加できる。そしてさらに、自分の身振りが一定の意味の送信であると自覚され、同様に相手の反応もまた一定の意味の送信として内面化されることによって、身振りのような信号への反射的反応ではなく、記号の意味の解釈に媒介された相互行為が成立してくる。その場合に、参加者たちが音声身振りのような身振りに同一の意味を付与することができるのは、相手の反応が正しく適切な反応であるか否かを批判することを含めて、一般に規則にしたがうということが可能となることによってである。そして、このように記号を媒介にしてしたがわれる規則というものは、意思疎通《コミュニケーション》のための文法的規則の体系としての言語だけでなく、さらに個人に一定の役割を果たすよう規範的に要求する規則体系としての社会制度を作り出し、またこの社会制度のなかでそのつど自らの役割を果たす主体としての自我ないし人格を確立していくのである。ハーバーマスによれば、ミードは言語の命題的構造には注意を払っていないが、もしここに言語の意味論的規則にしたがって命題の意味として記述される客観的世界がさらに付け加えられるならば、こうして文法的規則に関する妥当性の他に三つの妥当性要求によって支えられるコミュニケーション的行為の発展した内部構造が与えられるのである。そして、ハーバーマスによれば、社会化された個人の自我の人格的同一性がこの過程で形成されることのうちに、特にミードはコミュニケーション的合理性の基盤を見出している。すなわち、規則にもとづいて自他を批判しうるこの自我は、そのことによってコミュニケーション的行為のなかで自発性と自由の感情を否応なく身につけていく。そしてやがては自分を含めて全ての自我に同じように自発性と自由を認めて、コミュニケーション的行為にあたって平等に妥当性要求を行ない合うことを目ざす近代的な普遍主義的道徳が形成されてくるのである。

こうしてミードは身振りへの反射的反応から始めて、コミュニケーション的合理性の形成過程を、特に個人の社会化と自我の人格的同一性の形成という観点から跡づけている。そして、合理化の同じような過程は、デュルケイムの宗教社会学を手がかりとして、社会の集合的意識についても跡づけることができる、とハーバーマスは考える。すでに述べたように、記号に媒介された相互行為は、互いに同一の規則にしたがうということを含んでいるが、デュルケイムによれば、規則についてのこのような合意は、規則を象徴している記号に対して、当初は聖なるものという神秘的な性質を付与する。「……聖なるものは、規則にしたがって現実化される規範的合意の表現である。」したがって、宗教儀礼や祭儀に示される聖なるものへの畏敬の感情は、コミュニケーション的行為の言語以前の感情的な基礎を示しているのである。そしてミードが指摘した自我の人格的同一性は、こうして聖なる神ないしは超自我として畏敬されて信仰される規範的合意としての集合的な自我の同一性との関係のなかで、ようやく形成されていくのである。そしてコミュニケーション的合理性は、ここでは個人の自我と集合的な自我との関係において跡づけられていく。すなわち規則への服従において形成されている集団的な同一性は宗教儀礼や祭儀のうちに確保されて、文化的伝統として継承されていく。しかし、この規則がそもそもコミュニケーション的行為を可能にするものである限りでは、この規則はそのつどのコミュニケーション的行為を支える妥当性要求として、やがて次々と批判と討論《ディスクルス》に巻き込まれていかざるを得ない。そして、それにつれて「伝承の妥当基盤が儀礼行為からコミュニケーション的行為へと移り変っていく」のであって、聖なるものへの畏怖にかわって、批判と討論を支える個人の自由と人格の尊厳性が人々の行為の原理となっていくのである。「……近代国家の発達は、国家が正当性の聖なる基礎から、政治的公共性においてコミュニケーション的に形成されて討論によって解明される共通意志という基礎へと自らを切り替えることによって特徴づけられるのである。」

ヨーロッパ社会の近代化・合理化　ハーバーマスによれば、コミュニケーション的行為の発展とそこでのコミュニケーション的合理性の展開過程のこのような論理構造は、具体的な歴史過程において跡づけられねばならない。そして彼は、ヨーロッパ社会の近代化過程についてこのことを行ない、その際にこの歴史過程の解明に取り組んだ近代《モデルネ》の理論の系譜を批判的に検討していく。そのなかで彼は、ドイツの社会学者マックス・ヴェーバーの近代化論を取り上げて論じているが、

マックス・ヴェーバー

このヴェーバーは、先に挙げたパーソンズと同じように、この著書におけるもうひとつの模範・目標であるように思われる。「社会学の巨匠達のなかで、マックス・ヴェーバーは、……旧ヨーロッパ社会の近代化を普遍史的合理化過程の所産として解明しようとした唯一の人物であった」と彼は述べている。

ハーバーマスは、ヴェーバーが一九二〇年から二一年にかけて発表した『宗教社会学論集』の第一巻に収められている「序言」と「世界宗教の経済倫理・中間考察」に主に依拠しながら検討を進めていく。そのなかで彼は、ヴェーバーの近代《モデルネ》の理論が特に二つの事柄を問題にしていることに注意を促す。そのひとつは、資本主義経済と近代国家の形成であって、これは社会的合理化として捉えられている。いまひとつは、脱魔術化と呼ばれている世界像の合理化であって、これは文化的合理化として捉えられている。そして、これら二つの形態の合理化には個人の人格構造の合理化が対応しているのであって、ヴェーバーは彼の宗教社会学において人々の生活様式と価値志向の歴史的な変化を問題にした際には、特にこの人格構造の合理化に注意を集中したのであった。

これまで論じられてきたコミュニケーション的合理性と本質的に関連しているのは、このうち文化的合理化である。すでに述べたように、ハーバーマスによれば、コミュニケーション的行為は真理性と正当性と真実性に関してつねに妥当性要求を掲げて行なわれる。ヴェーバーによれば、妥当性要求のこれら三つの範疇《カテゴリー》がそれぞれ独立してきて、やがて別箇の社会領域へと分化してくることが、文化的合理化の具体的な内実をなしている。かつてはこれらの妥当性要求は、聖なる神々への畏敬と崇拝に結びついた宗教的な世界解釈のなかで統一されていたが、やがて合理化の過程のなかで分離独立していき、各々が、科学技術に関わるものと、法・道徳に関わるものと、趣味・芸術に関わるものとして画定されてくる。こうして「科学や技術、自立的芸術や自己表示的表現の価値、普遍主義的法観念や道徳観念といったものの形成を通じて、各々がそれに固有の論理に基づく三つの価値領域の分化が進行するのである。」そして、このことに対応して、ドイツの啓蒙主義哲学者イマヌエル・カント（一七二四～一八〇四）は、『純粋理性批判』と『実践理性批判』と『判断力批判』において、これら三つの領域の各々に独自な認識と判断の基礎づけを行なうことになったのである。こうしてこれらの価値領域について、かつてのような宗教組織や聖職者の権威を離れて、独自の組織と専門家が形成され、また各々の領域での認識や判断などの妥当性要求に関して独自の討論《ディスクルス》と批判・批評の形態が陶冶されてくるのである。

文化的合理化と社会的合理化　ハーバーマスによれば、ここからヴェーバーは、コミュニケーション的合理性に関わるこの文化的合理化が資本主義経済と近代国家の形成という社会的合理化といかに関連しているかを解明しようとする。しかしそこでは、価値領域の分化や妥当性要求についての自由な批判と討論《ディスクルス》の発展といった文化的合理化の過程はそれ自体として主題とされてはいない、とハーバーマスは指摘する。むしろヴェーバーが「合理化の王道」として説明しようとしているのは、資本主義経済と近代国家の形成に示されている社会的合理化なのであって、彼は、文化的合理化について解明した事柄をもっぱらこの社会的合理化の現象を説明するために用いているのである。

そのためにヴェーバーによって持ち出されるのが、価値相対主義とプロテスタンティズムの倫理である、とハーバーマスは論ずる。すなわち、文化的合理化のなかで、コミュニケーション的行為を支える妥当性要求が神聖な宗教的権威から解放されて当事者たちの自由な批判的討論《ディスクルス》に委ねられたり、さらには宗教的世界像としての統一性を失なって三つの価値領域に分離独立したりすることは、ヴェーバーにとっては、各々の人間が奉ずる諸価値が絶対的な妥当性を失なって相対化することとして捉えられる。いまや「新たな多神主義」が現れてきているのであって、特に法と道徳に関わる正当性の価値領域や、趣味と芸術に関わる真実性の価値領域については、もはや万人を納得させる合意は不可能とされ、そこでの価値選択は非合理的な決断にもとづくとされるのである。ただしその場合にヴェーバーは、新カント学派の知的伝統にしたがって、事実と価値、存在と当為を認識論的に区別して、諸価値のうちで客観的世界の事実に関わる真理性の価値についてだけは、討論による普遍的な合意が可能だと考える。したがって、ヴェーバーによれば、科学と技術に関わる真理性という価値領域だけは、そこでの価値選択が客観的な基準によって判定されうる限りにおいて、合理性の唯一の基盤とされるべきものなのである。こうしてヴェーバーは、実証主義が一般にそうであるように、任意の目的のために科学・技術的な観点から適切な手段を選択して行為するという目的合理的な行為のみを合理的な行為の範型と見なし、このような目的合理的な行為を戦略的行為として一般的に行なうようになることを文化的合理化の内実と捉えるのである。そして、このように目的合理的な戦略的行為によって支えられるのが、ヴェーバーによれば、資本主義経済と近代国家の形成からなる社会的合理化なのであって、この二つの「制度的な複合体」は、「社会全体の構造的基礎を形づくる目的合理的な行為の制度化」なのである。

「鉄の器」としての近代社会

この資本主義経済と近代国家は、すでに述べられた社会全体の部分システムであるが、そこでは人間の相互行為は貨幣や権力の獲得を廻るゲームとなるように仕組まれていて、そのために経済的行為や政治的行為は、この貨幣や権力を獲得するという戦略的な目的のために科学的・技術的な観点から最も適切な手段を採用するという目的合理的な戦略的行為となる。そして、ヴェーバーにとっては、このような「人格相互間の関連の戦略的な対象化という意味での〈物象化〉こそが、伝統的に習熟されて慣習的に規制されている生活諸関係を合理的に解体するための唯一可能な道なのである。」さらにヴェーバーは、ヨーロッパ社会において、このような目的合理的な行為を基本的な生活態度として動機づけ、そのことによって社会的合理化を可能としたものが、プロテスタンティズムの倫理であったと考える。その意味で彼の「プロテスタンティズムの研究は、西欧の文化発展の鍵となる変数に関連しているのである。」彼によれば、このプロテスタンティズムの倫理に示されている生活態度が、文化的合理化と社会的合理化に対応する人格構造の合理化を示しているのである。宗教改革者ジャン・カルヴァン（一五〇九～一五六四）の教義に代表されるプロテスタンティズムの倫理は、人間の魂の救済の問題を他の人間との社会的関係に関する事柄から完全に分離して、唯一の神の恩寵と孤独な個人の内面の信仰との関係に関する問題としたうえで、救済予定説によって彼岸に向けての一切の宗教儀礼を無効として、世俗の職業への禁欲的な専念と努力を勧める。そして、ヴェーバーにおいては、このような世俗内禁欲と世俗的職業倫理にもとづく生活を目ざす人格構造が伝統的なキリスト教のなかから形成されることによって、脱魔術化と呼ばれる世界像の近代化あるいは文化的合理化は、資本主義経済と近代国家の形成という社会的合理化に関連づけられている、とハーバーマスは論じている。

ハーバーマスによれば、ここからヴェーバーは西欧文明における近代化と合理化の負の暗黒面を指摘する。すなわち、プロテスタンティズムの倫理に示される生活態度は、たしかに目的合理的な戦略的行為を可能にし、資本主義経済と近代国家というシステムを形成し維持するのに役立つものであったが、もともとは救済宗教に由来するものとして、諸個人間の友愛を支えて人生に目的と意味を与えるという宗教的・倫理的な機能をもっていた。しかるにこの生活態度によってひとたびこれらのシステムが確立されてしまうと、そこでは貨幣と権力を目ざして科学的・技術的な見地から合理的な手段を選択する戦略的行為だけが合理的な生活の具体的な内容として残されるようになる。そして、友愛のように社会的関係の規範的な正当性に関する事柄は、趣味と芸術についての審美的判断のように真実性に関する事柄とともに、非合理的なものとして私的領域に追放され、合理化から取り残された「呪術の園」として消滅してしまうのである。「…〝物象化された経済的世界の無慈悲性〟に適合した倫理形態、すなわちプロテスタンティズムは、長期間にわたって他の二つの合理性複合体の石臼の狭間で押し潰されてしまうのである。近代化の出発条件が満たされるという段階までは、プロテスタンティズムの倫理は、当初その職業文化のなかで制度的な妥当性を有していたが、しかし、近代化の過程それ自体は遡及的なかたちで目的合理的な行為の価値合理的な基礎を破壊してしまうのである。」こうして資本主義経済と近代国家という合理性複合体のなかで、これらのシステムの構造によって目的合理的な戦略的行為を目ざさざるを得ない「専門家的態度」と、私的領域での気まぐれな審美的気ばらしを求める「享楽家」の態度だけが、近代的な人格構造の中核として残り、生活の目的を規定する究極的価値が失われたことからくる無意味さがこの人格を苦しめるようになる。近代的生活におけるこのような自由喪失と意味喪失、そしてこれら二つの部分システムが「鉄の器」となって人間を拘束していくという社会的合理化の自己破壊的性格、これこそヨーロッパ近代の合理化の過程に関するヴェーバーの悲観主義的《ペシミスティック》な結論なのである。

ハーバーマスはヴェーバーの合理化論をこのようにまとめた後で、それが西欧近代のうちで育まれた合理性という概念を重大なかたちで狭隘《きょうあい》化していると指摘する。つまりヴェーバーにおいては、コミュニケーション的合理性は文化的合理化という概念に関して軽く触れられただけで等閑に付されてしまい、社会的合理化を支える目的合理性のみが前面に押し出されてしまう。そして、合理性の機関としての理性は、任意の目的のために科学・技術的観点から最適な手段を選択する目的合理的な戦略的行為のための道具的理性へと切り詰められてしまうのである。

西欧マルクス主義への批判　ヴェーバーのこのような近代化論は、近代ヨーロッパ社会の合理化を廻るその後の思想に甚大な影響を及ぼすことになった、とハーバーマスは考える。すなわち、すでに述べたように、実証主義は、ヴェーバーの見地をほぼ踏襲して、資本主義経済と近代国家という合理性複合体のもとでの生活を豊かで快適な近代的生活の唯一可能な形態と見なし、これらのシステムを科学的・技術的に巧妙に制御することを目ざしてきた。これに対してヘーゲルとマルクスの知的伝統にしたがった西欧マルクス主義は、ヴェーバーのこの近代化論を受け入れたうえで、この「鉄の器」を解体して、近代化と合理化の自己破壊的性格を克服しようとしてきた。しかし、そこではヴェーバーにしたがって、コミュニケーション的合理性は一般に無視され、対象を科学的・技術的に操作・支配しようとする目的合理的行為を規定する道具的理性のみが理性の範型として認められていたのである。

ヴェーバーの弟子でもあったルカーチは、一九二三年の『歴史と階級意識』において、物象化という概念を梃子にして、これらのシステムを廃棄するという課題に取り組んだ。すなわち資本主義経済と近代国家というこれらのシステムは、諸個人の目的合理的な行為によって支えられているが、その際に彼らは互いに分断されて孤立したかたちで自らの私的な目的のみを追求して戦略的に行為するが故に、彼らのこのような行為の連関全体は彼らにとって外的な自然のような客観的構造をもったシステムへと物象化するのである。ヴェーバーは、これらの諸個人の分散した目的合理的な行為を司る理性の他に、もはやシステム全体を制御し支配しうる理性を仮定しなかった。しかしルカーチは、ヘーゲルにならって、社会全体の運動を自らの目的合理的な行為として意識的に行なう巨大な類的主体を仮定して、このような主体によってシステムを廃棄して、物象化を克服しようとした。つまり諸個人の孤立分散した理性にかわって、一つに統合された巨大な理性が社会全体を目的合理的に操作し支配することによって、システムという「鉄の器」は破壊され、自由喪失と意味喪失の状態は解消されるのである。ハーバーマスによれば、ルカーチのこのようなマルクス主義的な理論は、プロレタリアートの階級意識をこの巨大な理性的主体へと祭り上げ、このプロレタリアートの前衛を自称する共産党とその書記長をこの理性的主体の代弁者として神聖化することになる。そしてここからは政敵や反対者や批判者を全く容認することなく暴力的に抹殺しようとするスターリン主義的な恐怖政治が帰結するが、それは、理性や合理性というものが、孤独な主体の反省による目的合理的な行為という独話《モノローグ》的な形態においてのみ考えられていて、多くの主体の批判的な討論による合理的なコミュニケーション的行為という対話《ディアローグ》的な形態において考えられていないからなのである。

ハーバーマスはこの同じ視点から自らの師のホルクハイマーとアドルノを批判する。つまり、彼らもまたヴェーバーにならって目的合理性へと切り詰められた理性概念を用いて、ヨーロッパ社会の近代化と合理化を批判して、システムへの社会的関係の物象化を克服しようとしたのであった。ホルクハイマーによって道具的理性批判として展開された目的合理的な理性への批判や、精神分析学を援用して行なわれた自由喪失と意味喪失に関する批判的分析は、ルカーチの理論的枠組にもとづいて、社会主義革命とプロレタリアートによる権力掌握という政治的な展望によって暗黙のうちに支えられていた。したがって、一九三〇年代のヨーロッパにおけるファシズムの勝利とソ連邦におけるスターリン主義的恐怖政治の実現を目のあたりにして、彼らの理論的な企ては、ヴェーバーの悲観主義的《ペシミスティック》な予言を再確認するかたちで破産したのであった。このことを総括しているのが、一九四七年に彼らの共著として出版された『啓蒙の弁証法』であった。

その後に西ドイツへ戻ったホルクハイマーとアドルノは社会研究所を再建して、批判理論をふたたび展開するが、もはやそこにはひとつの理論的可能性しか残されていなかった、とハーバーマスは指摘する。すなわち、もしも科学と技術を用いて対象を支配し制御しようとする目的合理的な理性だけが理性の唯一の範型であって、しかもルカーチが構想したようにこの理性を用いてシステムの重圧を除去したり緩和したりすることは不可能だとするならば、残された道は、理性そのものを廃棄するしかないのである。こうして戦後の批判理論は、理性と合理性一般を抑圧的なものとして否定し、そのことによって社会科学との結びつきを断ち切ってしまった。そして、アドルノの『否定的弁証法』や『美の理論』に端的にみられるように、目的合理的な態度を放棄して、自然対象を支配しようとはせずに、その形姿を受容するという模倣《ミメーシス》の態度のうちに、合理化の苦境からの脱出口が求められ、この模倣に支えられた芸術における美的経験のうちにユートピアの姿が垣間見られることになったのである。ここまで来ると、アドルノの立場は、近代的理性そのものを批判して「存在の追想」を目ざすハイデッガーの立場に「驚くほど近くまで歩み寄る」とハーバーマスは結論する。

コミュニケーション理論への転換　こうしてハーバーマスは、ホルクハイマーとアドルノの批判理論を、その思想史的な系譜を辿りながら、公然と最終的なかたちで批判する。問題の根源は、ヴェーバーにおいて近代ヨーロッパ社会の合理化過程のうちに当初は含められていたコミュニケーション的合理性の展開という事柄が、ヴェーバー自身によって等閑視されたところにある。そして、そのこと自体は、カントやヘーゲルの意識哲学の理論的枠組のもとで、理性的思考というものが、対話《ディアローグ》をモデルにしてではなく、孤独な主体の自己意識の反省的な独話《モノローグ》をモデルにして理解されていることにもとづいているのである。したがって理論的な展望は「目的論的行為からコミュニケーション的行為へのパラダイム転換」のうちに示されているのだが、「ヴェーバー自身はこの転換を……遂行することはなかった。意識哲学の伝統のもとで育った新カント主義者には、コミュニケーション理論の根本概念たる〝意味〟は、ついに理解できぬままに終らざるを得なかったのである。」そしてハーバーマスは、このコミュニケーション理論への理論的枠組《パラダイム》の転換こそが、批判理論の本来の目標である近代社会批判を続行していくことを可能にするものであると主張するのである。すでに述べたように、ここには彼の師のホルクハイマーとアドルノの批判理論との最終的な訣別が示されている。しかし、さらにそこには、この理論的枠組《パラダイム》の転換以前の批判理論の指導を受けた六〇年代末の学生反乱が、反対者の暴力的な抹殺を目ざすテロ活動と、戦略と戦術に関する目的合理的な考察を無視して美意識に導かれた非合理主義に陥っていったことへの苦い自己批判も示されているように思われる。

システムと生活世界

こうしてハーバーマスは、コミュニケーション論への理論的枠組《パラダイム》の転換を行なったうえで、西欧マルクス主義の知的伝統を継承して、近代社会批判という批判理論の課題を続行していく。その際にまず彼は、社会というものをシステムと生活世界という二つの側面から捉えようとしている。「私は社会というものを、システムとして捉えると同時に生活世界として捉えることを提案したい」と彼は述べている。すなわち、一方では社会は、資本主義的な経済機構や近代的な国家機構のようなシステムによって形づくられており、そこでは人々は、貨幣や権力を媒体として戦略的行為によって互いに結びつけられ、これらの物象化された機構に組み込まれるかたちで組織されている。しかし、他方では社会は、人々の意思疎通《コミュニケーション》とそれにもとづくコミュニケーション的行為によって形づくられており、そこでは人々は、言語を媒体としてコミュニケーション的行為によって互いに結びつけられ、意思疎通《コミュニケーション》を可能とする文化的背景としての生活世界に組み込まれて、そこで人格を形成して維持するというかたちで組織されている。したがって「…生活世界とは、文化的に伝承され言語的に組織された解釈範型のストックのことである…。」この生活世界においては、人々の社会的な相互行為は、目的合理的な理性を用いて戦略的に行なわれるのではなく、真理性と正当性と真実性に関する妥当性要求への合意にもとづいて、コミュニケーション的行為として行なわれるのである。

すでに述べられたように、コミュニケーション的合理性は、この生活世界を舞台として、そこにおいて発展していくものである。すなわちそこでは、ミードとデュルケイムとヴェーバーに言及しつつ示されたように、三つの妥当性要求の領域が互いにますます分離独立して特殊化するとともに、聖なるものに関する伝統的な権威が力を失ない、そして個々の妥当性要求について批判的な討論《ディスクルス》を行なって自立的に判断する個人が出現してくるというかたちで、合理化が行なわれるのである。「…生活世界のコミュニケーション的合理化…その場合にまず問題になるのは、…生活世界の構造的諸要素が分化していくという事態である。つまり、文化、社会、人格が、互いに分離していくのである。次に問題になるのは、この三つの水準において、一部は平行して起こり、また一部は相補的に起こる変化である。すなわち第一には、理由に基づけられ、諸々の妥当性要求に応じて特殊化された知識による聖なる知識の排除が問題となり、第二には、法と道徳との同時的な普遍化の際に見られる合法性と道徳性との分離が問題となり、そして最後に、自立性と自己実現への要求の増大にともなう個人主義の普及が問題となる。」近代化されて合理化された社会においては、生活世界のこの構造的諸要素としての文化と社会と人格において、文化的再生産と社会的統合と個人の社会化という過程がこのように近代化されたかたちで各々独自にコミュニケーション的行為と討論を通じて行なわれていくことになり、社会の存続はそのことに依存している。その際にもしもコミュニケーション的行為と討論が何らかのかたちで阻害されるならば、意味と社会的連帯と自我の強さという社会的資源が欠乏することになり、知の合理性と社会成員の連帯と人格的引責能力が脅かされることになる。そしてこのような生活世界における「再生産の障害は、文化、社会、人格という固有の領域において、意味喪失、無規制状態《アノミー》、精神疾患（精神病理現象）として現れるのである。」

生活世界の植民地化

ヴェーバーが彼の近代《モデルネ》の理論において示したように、生活世界におけるこのような複雑化という社会的合理化が対応している。つまり近代社会では、資本主義経済と近代国家、あるいは市場経済機構と近代的行政機構という部分システムないし下部《サブ》システムが、ますます複雑な内部構造をもった独自の社会領域として形成されてくるのである。そしてこれらのシステムは、コミュニケーション的行為に内在している妥当性要求にもはやそのつど依拠することなく、「没規範的な構造として凝固し即物化」したかたちで存立しているのであって、人間はこれらのシステムにおいては、あたかも客観的自然に対してふるまうように、目的合理的に戦略的に行為しているのである。すでにヴェーバーが近代化の悲観主義的《ペシミスティック》な側面として示唆したように、ますます巨大化し複雑化していくこれらのシステムが、コミュニケーション的行為と討論《ディスクルス》からなる生活世界の再生産過程を侵食し、文化的再生産の資源としての意味や、社会的統合の資源としての連帯や、個人の社会化のための資源としての自我の強さなどを収奪してしまうような事態が憂慮されてきた、とハーバーマスは論ずる。そして彼はこの事態をシステムによる生活世界の隷属化あるいは植民地化と呼ぶのである

る。

パーソンズの社会学　社会のなかにこのようなシステムが現れてきて、そのためにこのシステムの作用を規定している法則を自然法則と同じように探求しようとする社会科学が現れてくるという近代的状況のなかで、このシステムと生活世界との関連を明らかにするということは、ヘーゲルの歴史哲学と法哲学からマルクスの経済学批判を経て、ヴェーバーの近代化理論に到るまで、近代の社会理論の最大の課題であった。ハーバーマスはこのように論じて、さらに現代においてこの課題に本格的に取り組んだ偉大な社会学者としてタルコット・パーソンズを挙げる。すなわちパーソンズは、社会をシステムとして捉えようとするシステム論と、コミュニケーション的行為のような行為によって織りなされたものとして社会を捉えようとする行為論とをいかに統合するかという課題と格闘したのである。したがって「パーソンズの作品史の原動力《デュナミーク》を理解する上で、行為論とシステム論との間のパラダイム競合は、決定的な意義をもっている」のである。しかし、ハーバーマスによれば、その後のパーソンズは、サイバネティックスの理論から受け入れた境界維持システムの概念を社会研究に適用するうちに、行為論を放棄して完全に社会システム論へと移行してしまったのである。「このような一連の転換過程は、パーソンズの理論構成全体を震撼させる大規模なものであり、しかも彼自身によって自覚されていた修正の唯一の例である。」しかし、パーソンズの後継者たちはこの転換過程を無視し、パーソンズの社会学のなかで行為論の観点がいかに失われていったかを跡づけようとしない、とハーバーマスは批判している。

ハーバーマスはこのような視点からパーソンズの社会理論を批判的に検討していく。社会システム論者となった「パーソンズは、言語的に生み出される相互主観性の構造を…行為者たちの頭越しにシステムの連結性を確保する交換や組織のメカニズムに還元せねばならない。」そのために彼は、貨幣と権力を、社会統合において類似した機能を果たす制御媒体と見なすようになる。すなわちそこでは、貨幣が経済システムにおける相互行為の媒体であるのと同じように、権力は国家・行政システムにおける相互行為の媒体であって、この貨幣と権力という媒体の流通によって、社会は全体的システムとして維持されると見なされるのである。

このような社会システムの制御媒体に関する理論を、ハーバーマスはコミュニケーション的行為の理論にもとづいて批判していく。それによれば、資本主義経済や近代国家のようなシステムは、コミュニケーション的行為を支える妥当性要求を一括して満足させる保証を用意することによって、社会的な相互行為を広範囲にわたって円滑・迅速に行なうための装置である。この保証が貨幣と権力であって、この制御媒体を用いることによって、社会的な相互行為は、コミュニケーション的行為の場合のよう

タルコット・パーソンズ

に、正当性をはじめとしてその妥当性要求についてそのつど「異議申し立てのリスク」にさらされることなく、広範囲に円滑・迅速に行なわれるようになるのである。貨幣を支払えば、誰からどんな品物でも即座に買うことができ、組織内の地位にもとづく職務命令を発すれば、自らの命令を部下に即座に無条件的に実行させることができるのである。こうして生活世界はシステムへと技術化され、さらにこのシステムのなかでは人間は、他の人間の合意なしに彼を支配し操作するという目的で、この制御媒体を用いて戦略的に行為できるようになるのである。しかし、ハーバーマスによれば、これらの制御媒体は、コミュニケーション的行為を支える妥当性要求が満足されることを保証するたんなる担保ないしは約束手形にすぎない。したがって、これらの媒体が社会的な相互行為を実際に可能にするか否かは、結局はコミュニケーション的行為とその妥当性要求に関する討論《ディスクルス》によって決定されざるを得ないのである。したがって生活世界におけるコミュニケーション的合意だけが、依然として社会的な相互行為を可能にする唯一の源泉なのである。この意味において、社会的な相互行為の調節メカニズムとしての合意や了解を、貨幣や権力のような制御媒体によるシステム的な調節メカニズムによって代替させることは不可能なのであって、それ故に生活世界への視点を捨てて社会をもっぱらシステムと見なすことはできない。あるいは社会科学は社会という現象を研究するにあたって、意思疎通《コミュニケーション》における合意や了解に関する問題を無視して、目的合理的な行為によるシステム制御という科学的・技術的な問題に専念することはできないのである。

コミュニケーション論による社会批判　このようにハーバーマスは、ルーマンの師であるパーソンズにまで遡って社会システム論を批判し、すでに『晩期資本主義における正当性の問題』においてルーマンを批判しつつ展開していた現代資本主義社会に対する批判を、コミュニケーション的行為論の一環としてふたたび展開してみせる。

ハーバーマスによれば、ヴェーバーにせよパーソンズにせよ、近代社会を全体として捉えようとした偉大な思想家たちはつねに、近代化されて合理化された社会におけるシステムと生活世界との関連を問題としてきたのであった。そして彼は、ヴェーバーやパーソンズが生活世界とそこにおけるコミュニケーション的合理性の問題に軽く触れただけで、システム論的な視点をすぐに優先させてしまったのに対して、この点でのマルクスの偉大さを再評価する。なぜならマルクスは、『資本論』をはじめとする彼の経済学批判において、商品の価値形態を分析するというかたちで、システム論と行為論の基本的な概念を結びつけ、一方から他方への翻訳法則を解明しようとしたからである。すなわち「マルクスは価値論の立場に立ち、具体的労働の生活世界から出発して、抽象的労働の経済的交換過程へと昇りつめて行き、逆にこのシステム分析の水準から、今度は日常実践の歴史的かつ階級理論的な記述の水準へと立ち戻ることによって、資本主義による近代化のコストを並べ立てて見せることができた」からである。そしてハーバーマスは、この著書の最終考察において「パーソンズからヴェーバーを超えてマルクスへ」立ち戻ることによって、マルクスのようにシステムと生活世界との関連を全面的に明らかにするような批判的社会理論の構想を提示する。

しかし、すでに述べられたように、ハーバーマスはマルクスと同じような理論的目標を追求するに当たって、マルクスと同じような理論的枠組《パラダイム》を用いることはできない。つまりマルクスは、社会進化を労働の領域における目的合理的な行為の高度化という観点からのみ捉えて、生活世界におけるコミュニケーション的合理性の発展を、それとは別箇の独立した社会進化の過程として捉えない。したがって彼は、資本主義の発展と民主主義の発展とが、相対立する近代的な社会統合の原理の展開として、解消しがたい緊張関係にあることを正しく捉えることができない。このことは社会理論としては致命的な誤まりであって、それ故に特に社会国家によって制御される現代の後期資本主義社会を有効なかたちで分析して批判する視点を提供できない、とハーバーマスは論ずる。なぜなら現代資本主義の危機は、かつてのようにプロレタリアートの物質的な窮乏化や経済恐慌のような経済システムに固有の混乱によって引き起こされているのではなくて、むしろシステムが生活世界を侵食して植民地化することによって引き起こされているからである。つまり現代資本主義社会においては、経済システムや行政システムを根底で支えている規範的な正当性が、生活世界におけるコミュニケーション的行為のための討論《ディスクルス》によって合意として充分に民主主義的なかたちで取り付けられておらず、そこから生ずる意味資源の枯渇が、社会保障のような物質的給付によって、辛うじて埋め合わされているのである。そして、すでに述べられたように、生活世界で産出される合意や了解のような意味資源を、貨幣のようなシステム制御媒体によって代替させることは結局できないから、体制の危機は、生活世界における意味資源の全般的な枯渇として、具体的には文化、社会、人格の各領域における意味喪失、無規制状態《アノミー》、精神疾患という社会病理現象のかたちをとって現れているのである。

静かな革命

こうしてハーバーマスは、現代資本主義社会がそのシステムの「制御危機を生活世界の病理で肩がわりさせるということ」のうちに、この社会に対する批判とその変革のための突破口を見出す。そして彼のこの議論のうちには、六〇年代末の学生反乱に関する経験が反映しているとともに、さらには環境問題を政策課題として掲げて一九七八年に結成された「緑の党」に関わる問題が反映しているように思われる。すなわち、社会変革への圧力は、もはやかつてのように物質的な富をめぐる「分配の問題」から生ずるのではなく、生活世界における意味資源の保全をめぐる問題から生ずる、とハーバーマスは論ずる。資本主義的な経済システムの下での物質的再生産が自然環境の生態学的メカニズムに依存しているように、この経済システムや国家・行政システムの下での社会的な相互関係の再生産は、生活世界のコミュニケーション論的メカニズムに依存している。そして自然環境の保護が資本主義的な経済システムの発展にとっての限界をなすように、経済システムや国家・行政システムは、生活世界における意味資源の再生産過程を保護することなしには存続し得ないのである。そしてこの再生産過程はコミュニケーション的行為とその妥当性要求に関する討論《ディスクルス》を通じてのみ進行するのであって、これをシステムに組み込んで目的合理的な行為によって科学的・技術的に制御することはできないのである。こうして社会変革に関わる抗争は今日では「システムと生活世界との接点のところで」発生することになる、とハーバーマスは論ずる。システムのますます増大する複雑性が、「文化的再生産や社会統合や社会化といった領域」に徐々に歴史的に蓄積されてきた「再生不可能な生活世界のストック」を破壊してしまうことへの抵抗を通して、今日の社会変革は展望されるのである。

こうしてハーバーマスは、マルクス主義の知的伝統を継承して、今日の資本主義社会における革命を、生活世界の植民地化とそこでの意味資源の破壊に反対する「静かな革命」として構想する。そこでは、先進資本主義諸国において深刻な社会問題となってきているオカルティズムや快楽殺人や薬物中毒といった社会病理問題と、大気汚染や海洋汚染や土壌汚染といった環境問題とが、資本主義批判と社会革命についてのマルクス主義思想に、きわめて独創的なかたちで結びつけられていると言えよう。

近代《モデルネ》―未完のプロジェクト

『コミュニケーション的行為の理論』において、ハーバーマスはコミュニケーション的合理性という概念を用いてヨーロッパ社会の近代化のひとつの局面を明らかにした。それによれば、近代化の過程のうちで資本主義経済と近代国家というシステムを形成する社会的合理化と並行して、文化的合理化が行なわれている。そしてこの文化的合理化は生活世界を舞台として行なわれ、そこではコミュニケーション的行為を支える妥当性要求は、宗教的な世界像にもとづく統一性と神聖性を失なって、科学・技術と法・道徳と趣味・芸術という三つの文化領域に分離独立させられるとともに、自由な批判と討論《ディスクルス》に委ねられるようになるのである。ハーバーマスによれば、システム形成を目ざす社会的合理化に対して、このような生活世界における文化的合理化は立ち遅れていて、そのために生活世界がシステムによって侵食され、生活世界において再生産される意味資源がシステムによって収奪されて枯渇してしまうことが、近代社会に固有の社会病理現象を生み出しているのであった。

近代を擁護する

ハーバーマスによれば、ここから近代社会に対する批判が、フランス革命の頃から反啓蒙主義というかたちで展開されてきた。しかし彼は、近代化の否定的な側面の故に、近代化と合理化を目ざす啓蒙の歴史過程そのものを否定してしまうことに反対する。この立場は、彼が一九八〇年にフランクフルト市からアドルノ賞を授与された際に行なった講演「近代《モデルネ》－未完のプロジェクト」において、綱領的なかたちで示されている。「近代《モデルネ》とそのプロジェクトそのものをあきらめるかわりに、むしろ近代《モデルネ》というプロジェクトにともなってきた失敗から学び、思い上がったかたちで近代《モデルネ》を廃棄しようとする計画の失敗から学ぶべきである、と私は思う。」彼はこう述べている。そして彼は、『コミュニケーション的行為の理論』で確立された立場から、いわゆるポスト・モダンの思想潮流を批判している。それは、一九八五年に出版された著書『近代の哲学的ディスクルス』で行なわれている。

近代批判の出発点としてのヘーゲル　一九八三年から八四年にかけてフランクフルト大学やパリのコレージュ・ド・フランスで行なわれた十二の講義を集めたこの著書において、ハーバーマスはまず近代批判の思想の系譜を概括的に示している。それによれば、ヨーロッパ社会の近代化を最初に問題にした哲学者はヘーゲルであった。「ヘーゲルは…近代《モデルネ》を問題化した最初の哲学者であった。彼の理論によって、近代、時間意識、そして合理性が、相互にどのような位置関係を作り上げているかということが、はじめて概括的に捉えられるようになった」のである。ハーバーマスによれば、ヘーゲルは、近代を特徴づけている原理を主観性と呼ぶ。この原理は、自由に全てを批判する権利をもたらし、自由な意志にもとづく自律的な行為をもたらし、さらにこのように自由に批判し行為する主体の自己反省にもとづいて世界を理解しようとする観念論哲学をもたらす。この主観性の原理によって、後にヴェーバーも指摘したように、科学・技術と法・道徳と趣味・芸術という三つの価値領域が分離独立し、各々が自由な批判と討論《ディスクルス》を通じて展開されるようになる、とヘーゲルは考える。そして、彼によれば、近代的な知識のこのような状況に対応しているのがカントの哲学である。さらにこの主観性の原理によって、かつては宗教と慣習によって人々を統合していた人倫的全体としての社会は解体し、この自由な個人が市場での商品取引を通じて疎遠なかたちで関係し合う市民社会と、この孤立した個人間の法的関係を規制する悟性国家とに分裂する。こうしてヘーゲルは、これも後にヴェーバーが指摘したように、資本主義経済と近代国家というシステムの形成をも指摘している。そして彼は、主観性の原理によって知識の領域がこのように分離独立し、人倫的全体としての社会が市民社会と悟性国家に分裂するという事態を克服することを、彼自身の哲学と近代社会にとっての固有の課題と見なしたのである。絶対精神の歴史的展開に関する自らの哲学のうちに近代的な知識の諸領域を統合し、プロイセンのような前近代的な立憲君主国家のうちに近代的な分裂した社会的人倫を止揚すべきである、とい

ヘーゲル

うのがこの課題に対するヘーゲルの解決法であった。

ヘーゲルのこのような近代批判から三つの思想潮流が分岐して現代にまで到っている、とハーバーマスは指摘する。ひとつは青年ヘーゲル派あるいはヘーゲル左派に発する潮流であって、そこでは革命によって市民社会と悟性国家との近代的な分裂を現実的に克服し、失われた人倫的全体を新たな合理性の水準において回復することが求められた。この思想潮流は、青年ヘーゲル派に属していたマルクスに始まって、ルカーチやホルクハイマーやアドルノを経て、ハーバーマス自身にまで達している。したがって「…実のところわれわれは今日でもなお、青年ヘーゲル派の人々によって引き起こされた意識状況のうちにいるのである。」いまひとつの潮流は保守的ヘーゲル派あるいはヘーゲル右派に発するものであって、そこでは近代社会におけるシステム分化という現実は、近代が支払わねばならぬ必要費用《コスト》と見なされ、晩年のヘーゲルにならって、国家と宗教を用いて近代の人倫の分裂状態を補修することが求められる。この思想潮流は、ナチス時代に全体主義国家による社会統合を求めたカール・シュミットを経て、現在では国家のような制度の社会統合力の重要性を説くアーノルト・ゲーレンや、宗教・慣習・芸術といった文化的伝統を用いてこの補修を行なおうとするハンス・フライヤーやヨアヒム・リッター（一九〇三〜一九七四）のような文化的保守主義者にまで達している。さらにこの保守的ヘーゲル派の潮流は実証主義の潮流と合流している、とハーバーマスは指摘する。すなわち保守的ヘーゲル派の人々は、実証主義者たちのように、科学と技術によって資本主義経済や近代国家のようなシステムを制御することについては基本的に異存はないのであって、どちらの側の人々にとっても肝心なことは、啓蒙主義がもたらした完全なる解放への幻想から人々を目醒めさせて、技術至上主義的《テクノクラシー》にであれ、文化保守主義的にであれ、とにかくこれらのシステムを安定化させることなのである。

ニーチェの近代批判

ヘーゲル左派とヘーゲル右派に端を発する近代批判のこれら二つの思想潮流については、ハーバーマスはこれまで折に触れて論じてきた。これに対して三つ目の近代批判の潮流がある、と彼は指摘する。これまでの二つの近代批判の潮流はいずれも、戦略的に行為して対象を巧みに支配・操作しようとする目的合理性を合理性の唯一の範型と見なし、このような目的合理性をもたらす理性だけを理性と見なして、このような合理性と理性に依拠してきた。これに対して、このような合理性と理性そのものを否定し、啓蒙主義と近代化それ自体を批判する近代批判の思想潮流が現れてきた、とハーバーマスは指摘する。それは、フリードリッヒ・ニーチェ（一八四四〜一九〇〇）の西欧合理主義批判に始まる近代批判の系譜であり、合理性とともに近代そのものを拒否しようとする点において、近代以後《ポスト・モダン》の思想潮流と呼ばれているものである。そしてハーバーマスは『近代の哲学的ディスクルス』においては、特にこのポスト・モダンの思想潮流を批判している。「ニーチェ以前の論敵たちは、ヘーゲル左派であれ、右派であれ、いずれも西欧の合理主義のなかで動いていたが、ニーチェはこの西欧の合理主義という枠組そのものを爆破しようとする。この反ヒューマニズムは、近代《モデルネ》を廻る討論《ディスクルス》にとっての本当の挑戦である。」

すでに述べたように、コミュニケーション的行為を支える妥当性要求は、合理化とともに、科学・技術と法・道徳と趣味・芸術という三つの文化的な価値領域へと分離独立するが、ハーバーマスによれば、ニーチェはこのうち趣味・芸術の領域において近代批判を行なう。近代になって独立した審美的価値領域の担い手となった近代芸術は、古典的で伝統的な美の基準を否定した前衛芸術《アヴァンギャルド》において自らの近代的形態を獲得したが、ニーチェはこの前衛芸術に示されている美的近代《モデルネ》の経験をもとにして近代批判を行なう。すなわち彼は、目的合理性や近代的道徳性といった合理的要素から完全に切り離された美的状態のもとで経験される世界の姿を世界の真の姿と見なす。そして一方で彼は、そこにおいて個体性が砕け散って、主観が他の主観や自然対象と融合してしまうこの美的状態の経験を、詩人のフリードリッヒ・ヘルダーリン（一七七〇～一八四三）のロマン主義思想にならって、古代ギリシャ神話におけるディオニュソス神の形象を用いて表現する。しかし他方で彼は、哲学者のアルトゥール・ショーペンハウアー（一七八八～一八六〇）にしたがって、この真実の世界で人間の生活を規定しているものを盲目的な生の「力への意志」と見なす。そして、ディオニュソス的な美的経験に示されるような世界認識に導かれて、この力への意志にもとづいて生活する超人の在り方のうちに、ニーチェは、近代を批判的に乗り越える発破口を見出すのである。

ハーバーマスは、ニーチェのこのような近代《モデルネ》批判が必然的に陥らざるを得ない矛盾を指摘する。すなわち、近代においては趣味と芸術に関わる美的経験もまた妥当性要求を立てて、批判・批評と討論《ディスクルス》を通じてその妥当性要求について吟味されるのであって、或るひとつの美的経験の妥当性を要求し主張することは、このようなコミュニケーション的合理性に裏打ちされねばならない。しかるにニーチェは、近代的な理性そのものを批判して、自らのディオニュソス的な世界経験を主張するに当たって、合理性の支えを完全に捨て去っているので、美的経験にもとづく彼の近代批判を妥当なものとして納得させる基準と根拠を示すことができなくなってしまうのである。ここには「理性に対する理性自身による自己言及的で、かつ全面的な理性批判が陥るディレンマ」が現れている、とハーバーマスは考えるのである。

ニーチェ

ハーバーマスによれば、ニーチェのこの近代《モデルネ》批判を継承して、二つの近代批判の系譜が現代まで続いている。ひとつは、美的状態の概念に見られるように、世界の在り方を近代ヨーロッパの形而上学とは異なる形而上学によって開示しようとするニーチェの試みを継承するもので、これはハイデッガーとフランスの哲学者ジャック・デリダに代表されている。いまひとつは、真実のディオニュソス的世界において生活を規定している力への意志が近代的で主観的な理性の支配という倒錯したかたちで現れていることへのニーチェの批判を継承するもので、これはフランスの思想家ジョルジュ・バタイユとミシェル・フーコーによって代表されている。そして、ニーチェに端を発するこれらの思想家の近代批判を、ハーバーマスは批判していく。

ハイデッガーの存在論

ニーチェが美的経験に関する形而上学にもとづいて近代《モデルネ》批判を行なうのに対して、ハイデッガーは存在に関する形而上学にもとづいて近代批判を行なう。ハイデッガーによれば、西欧における近代化と合理化の原理となった主観性あるいは主体性にもとづく哲学は、デカルト（一五九六～一六五〇）の「我思う、故に我在り《コギト・エルゴ・スム》」に示されているような自己意識化された主体を、全ての対象の前にすでに置かれている超越論的な主体として前提する。そうなると哲学的な問題は、この主体が対象をいかに認識するかという認識論的な問題となり、さらにはそのように認識された対象をこの主体が科学的・技術的に支配し操作することが次の実践的な問題となる。このような哲学的立場が近代ヨーロッパ社会に厄災をもたらしてきた、とハイデッガーは批判する。そして彼は、このように存在者が何であるかを問題とする認識論ではなく、むしろ存在者がそもそも存在しているということ自体を問題とする存在論すなわち形而上学を再建することによって、この主観性の哲学を打ち砕こうとする。ハイデッガーによれば、この形而上学的な見方のもとでは、存在者の存在はすでにそこに在って、言わば運命として贈られたものとして示されている。

そしてこの存在の意味は、テクストを解釈するように解読されるのであるが、この解釈ないしは解読は、ハイデッガーの弟子のガダマーの解釈学において示されているように、生活世界に蓄積された文化的伝承にもとづく暗黙の先行的了解によって支えられているのである。さらに存在をこのように捉える自己は、彼の前期の哲学では、超越論的な主体として世界の外に位置しているのではなく、むしろ世界内存在として、そのつど世界内の此所と現在の時点に実存して、行為への決断の前に立たされていたが、彼の後期の哲学では、そのつど贈られる存在の運命に全く無批判的に順応する「存在の護り手」にまで脱主体化されるのである。

一九二七年の『存在と時間』から一九五〇年代の転回《ケーレ》に到るハイデッガーの哲学の基本構造をこのように概観してみると、彼の哲学が近代的な主観あるいは主体の自己反省の立場に依然として囚われたままであることが分かる、とハーバーマスは論ずる。すなわちハイデッガーは、対象を科学的に認識して技術的に支配・操作しようとする目的合理性を司る理性のみを理性の範型と見なして、これを批判して克服しようとしており、そこではこの理性を担う主体とその客体としての対象だけしか考えられていない。したがってこの前提のもとでは、この理性の合理的な支配を否定して近代《モデルネ》を批判することは、結局のところは、アドルノにおける模倣《ミメーシス》の契機の強調と同じように、対象の領域の方を根源的なものと見なして疑似宗教的に崇拝して、これに無批判的に盲目的に服従することに帰着するのである。当時の時流に乗ってヒトラー総統を賞讃することをハイデッガーが決断し、戦後になってその責任を主体的にとることを回避したという伝記的な事実は、ハーバーマスによれば、そのつどの存在の運命に対する主体の自律性と批判性の放棄にもとづいている。このような実践的帰結をともなう近代批判は、近代の厄災を克服するものではあり得ないのである。

デリダの脱構築

ジャック・デリダに対するハーバーマスの批判もまた、ハイデッガーに対する批判と基本的に同じかたちで行なわれている。すなわち、ハイデッガーの後継者を自認するデリダの近代《モデルネ》批判もまた、「主観性の哲学のパラダイムを抜け出ていない」が故に、有効なものとなり得ないのである。デリダは、西欧合理主義とそれを支える主観性の哲学に対して、言語学を用いて批判を行なっていく。彼によれば、理性を体現する主観ないしは主体は、時間の流れのなかで自己同一性を保っていると考えられ、それ故に対象に対して超越論的位置を占めていると見なされている。そして主体のこの同一性は、或る言葉を発したり聞いたりした時に、その言葉の意味がその主体の同一の体験に結びつけて理解され、そのことによって意味の同一性が確信されることによって意識にもたらされている。フッサールの意味論に示されているこのような考えを、デリダは音声中心主義として批判する。そしてデリダによれば、音声によって喚起される同一の意味の現前に対応するものとして、この意味に対応する対象の存在を思考し、この対象を主体による支配の下に置こうとしてきたのが、西欧の形而上学だったのである。したがってデリダは、近代の原理としての主観性の哲学を批判するためには、言語を捉える際に音声中心主義に立脚することを止めて、むしろ文字《エクリチュール》ないしは書字《エクリチュール》を取り扱う文字学《グラマトロジー》にもとづく文書《エクリチュール》中心主義に立脚すべきだと主張する。

書かれた文字《エクリチュール》からなる文書のテクストの意味が解釈される時、そこには書字行為と読解行為との間の時間的差異性や、著者と読者の体験の差異性が否応なしに示されている。テクストに綴られている文字記号は、それ自身とその意味との差異性や、意味領域と話し手や聞き手の体験世界との差異性を、時間差というかたちでもたらすのである。したがって言語というものを文字や書字や文書をモデルにして考えるならば、近代的な主観の自己同一性は虚構であることが示され、同一性にかわって時間のなかでの記号の反復と意味の差異性が現われる、とデリダは考える。こうして世界は、自己同一的な超越論的主体の前に与えられたものとしてではなく、無数の文書《エクリチュール》が孕む不可解で汲み尽せない意味のうちに示されるものとして捉えられる。スイスの言語学者フェルディナン・ド・ソシュール（一八五七～一九一三）は、或る記号の意味というものを多くの記号間の差異性にもとづくものと見なし、言語というものを、これら無数の記号が形づくる差異性の構造として捉えた。そしてフランスの文化人類学者クロード・レヴィ＝ストロース（一九〇八～二〇〇九）は、ソシュールのこの思想を発展させて、言語や社会組織などを、これらの記号がつくる差異性の構造と見なした。しかもこのような構造は、諸個人の意識に先立ってすでに与えられていて、彼らは行為のうちで無意識的にこれらの全体的な構造を形成し、さらに知らず知らずのうちにそれらを変化させていくのである。レヴィ＝ストロースのこのような構造主義から示唆を受けて、デリダは言語の文字《エクリチュール》的性格にもとづいて近代的主体とその理性原理を脱構築《デコンストラクション》することを目ざすのである。ハイデッガーにおいては、存在の運命が近代的自我に取ってかわったが、デリダにおいては、この近代的自我にかわって、「誰のものとも知れぬ文書《エクリチュール》」が歴史の主体となり、この根源的文書の無記名的な歴史形成作用がもたらす差異性の構造が世界の真の姿とされる。

デリダのこのような脱構築《デコンストラクション》の哲学がもたらすものも大したものではない、とハーバーマスは批判する。なぜなら、すでに述べたように、デリダもまた主観性や主体性を孤独な自我の独話《モノローグ》的活動にもとづくものとして捉えていて、その点では近代の主観性の哲学の立場を踏襲しているからである。そのためにデリダは、言葉の意味の同一性が意思疎通《コミュニケーション》の条件であることを捉えられないし、主体の人格的な自己同一性がコミュニケーション的行為の妥当性要求によって要請されていることを洞察できないのである。そして、このことと関連して、デリダは、コミュニケーション的合理性との繋がりを断ち切ったかたちで近代的な主体を脱構築することによって、真理的妥当性の根拠を示すことなしに理性自身を否定する理性の言説の真理的妥当性を主張するという矛盾から逃れられない。こうしてデリダの近代《モデルネ》批判は、非合理的な主張のたんなる提起となり、たんに彼の個人的気質と家族の文化的背景にもとづいて、無政府主義《アナーキズム》的な反抗とユダヤ神秘主義的な啓示への期待に帰着してしまうのである。

バタイユの聖なるもの

すでに述べたように、西欧の形而上学的伝統に対する批判者としてのニーチェに端を発する近代批判の系譜とならんで、ディオニュソス的な美的経験にもとづく力への意志の純粋な発露を目ざす無政府主義者《アナーキスト》としてのニーチェに端を発する近代批判の系譜がある、とハーバーマスは考える。この系譜に属する思想家としてまず俎上に挙げられるのは、ジョルジュ・バタイユである。ニーチェから大きな影響を受けたバタイユは、それと同時に超現実主義《シュルレアリズム》や左翼急進主義からも影響を受けて、ディオニュソス的原理と美的状態の概念に関するニーチェの思想をさらに発展させた。目的合理的な理性に導かれた近代人の生活にとって全く異質な美的経験の力を借りて、西欧的理性の宇宙を突き抜けて、「近代《モデルネ》という名の虜囚から脱出すること」をバタイユは目ざす。この美的経験の力は、陶酔《エクスタシー》や夢や衝動のような忘我《エクスタシー》的な心的力として示され、このような力に導かれた生活は蕩尽という非生産的な概念によって規定されている。古代のディオニュソス神の祭典は痛飲乱舞の大饗宴《オージー》によって特徴づけられているが、この祝祭のような非合理的な狂乱的消費をもって近代の合理的生活の枠組を粉砕すべきである、とバタイユは考える。ヴェーバーが解明したように、プロテスタンティズムの倫理にもとづく資本主義の精神としての世俗内禁欲は、経済生活が生産した余剰を全て生産に投資することを求めている。目的合理的な理性原理によって課せられたこの「労働の呪い」を振り払って、蕩尽という無目的な消耗によって至高性に彩られた「聖なるもの」を実現することを、バタイユは目ざす。そして、逆説的なかたちで彼は、前近代的な社会から継承された至高性の名残りを完全に払拭して目的合理的理性の支配を完成させるソヴィエト的な官僚制的社会主義のうちに、この聖なる蕩尽への終末論的な期待を寄せるのである。

ハーバーマスによれば、バタイユのこのような近代《モデルネ》批判もまた、理性の自己否定を理性的に論証しようとする矛盾から脱却できない。したがってバタイユは、彼の近代批判の論証をその理性破壊という結論と整合させられない。したがって結局のところバタイユは、「哲学および学問からの撤退」を秘かに行ない、「根底的《ラディカル》な理性批判を理論の方途によって遂行しようとする自己自身の努力を撤回することになってしまった」、とハーバーマスは結論するのである。

フーコーの権力批判

バタイユの後継者として近代《モデルネ》批判を独自の権力論として展開したミシェル・フーコーは、ポスト・モダンの思想家として国際的名声を博したが、ハーバーマスはこのフーコーの思想をも俎上に挙げて批判している。彼はフーコーの知的情熱と学問的業績を高く評価しており、まさにそれ故にフーコーへの批判をきわめて重要なものと見なしている。フーコーは一九六一年の『狂気の歴史』において、精神医療の歴史を取り扱ったが、そこで彼は、近代の啓蒙主義の時代がいかにして理性と狂気を分離し、狂人とされた人々を隔離してきたかを明らかにした。

そして、この著作を皮切りにして彼は、近代的な理性が人間の精神と身体に及ぼしてきた暴力的な措置を近代化と合理化の内実として暴露していったのであった。彼は、科学で用いられる言説《ディスクール》と、人間の行為や習慣を統制する実践《プラチック》との結びつきに注意を促す。そのことによって彼は、近代の科学者や哲学者の言説が、医者や法律家や行政官吏や神学者や教育者の言説と結びついて、建築様式や儀式や判決や授業や措置や監禁や懲罰や管理や訓練を通じて、生身の人間の精神と身体に暴力的に干渉していく様子を克明に跡づけた。こうして彼は、近代的な精神医学と臨床医学が形成した監視と隔離の機構《システム》が近代社会における人間の規律習得と訓練の機構《システム》の原型であることを示し、病人のように異質な者を隔離して監視する閉鎖病棟という原型が、近代の工場や監獄や学校に繰り返されて現れてくることを示した。このような研究によってフーコーは、独話《モノローグ》的に内省する近代的理性が人間を解放しようとして人間に加える暴力を明らかにし、啓蒙におけるヒューマニズムとテロリズムの必然的な結びつきをあぶり出し、近代化と合理化における解放と隷属の二重運動を解明したのであった。

一方でフーコーは、真理を探求する科学的な言説《ディスクール》が理性にとって異質なものを排除していく際の排除規則を明らかにしようとする知の考古学を目ざす。他方で彼は、異質なものを排除するための制度・組織・施設・訓練を構成する実践《プラチック》を歴史的に跡づける系譜学を目ざす。そして、これらの研究を遂行するなかで、彼は、これらの言説と実践を導いているものが権力への意志であると主張す

ミシェル・フーコー

る。ニーチェにおける力への意志の場合と同じように、「存続するのはただ権力だけであって」[一]、知への意志も実は権力への意志であり、あらゆる言説は、他者を対象として支配しようとするこの権力への意志に貫かれているのである。そして、近代になって確立された知的主体としての理性は、つねに権力を求めて努力するこの意志をその本質としているのである。

ハーバーマスは、生活の細部にまで浸透していく権力の様相を印象的なかたちで明らかにしたフーコーの知的業績を高く評価するが、その一方で彼の権力論に内在している本質的な困難性《アポリア》を指摘する。すなわち、真理を目ざす科学的な言説《ディスクール》は自らの真理性についてつねに妥当性要求を掲げるのであって、この言説が実際に権力となりうるのは、その妥当性要求が普遍的に承認されてからのことにすぎない。そして権力そのものは必然的に暴力的要素を含んでいるとしても、自らを支える言説の真理性に関する妥当性要求そのものは、暴力によって他者の承認を取りつけることはできない。したがって、ハーバーマスによれば、コミュニケーション的行為を支える妥当性要求の普遍的な承認に裏づけられた権力とそうでない権力との間には本質的な相違があるはずだが、フーコーはそのことを見ようとしない。こうして近代化と合理化のひとつの側面として討論《ディスクルス》にもとづくコミュニケーション的合理性の進展を無視するが故に、フーコーは、目的合理的な行為を目ざす科学的・技術的な理性のみを理性と見なす立場に特有の矛盾に陥ってしまう。すなわち彼は、啓蒙主義の知の言説《ディスクール》を批判する自らの知の考古学の言説もまた権力への意志のひとつの現れにすぎないと認めねばならないだけでなく、自らの言説の真理性についての妥当性要求を撤回せねばならなくなる。さらに彼は、「近代の権力と知の体制のどこが悪いのか」、それらに対して「一体どうして闘うのか」ということを説明できなくなってしまう。なぜなら、彼の権力論が言うように、もし歴史の運動が権力の盲目的運動の集積にすぎないとすれば、対抗権力もまた自らの優越性を決して証明できないからである。西欧における近代化と合理化のうちには法と道徳の発展も含まれていて、この側面では啓蒙主義はカントの法と道徳の理論とイギリスの功利主義においてその頂点に達した。しかしフーコーは近代のこの側面を無視する。「フーコーは、規律・訓練権力の生命政治学的な浸透という側面を取り上げるや否や、支配の…法的な組織化や支配秩序の正当化の側面を見捨ててしまう」のである。

近代批判の完成としての社会システム論　近代《モデルネ》の哲学的討論《ディスクルス》においてハーバーマスは、ヘーゲルとニーチェに由来する近代批判の思想潮流がいずれも主観的理性の範型に固執し、主体の自己意識と自己反省という理論的枠組に固執し、近代化と合理化を廻る問題を制御問題としてしか捉えていないことを批判する。そして、このような基本的立場に立つ限りでは、近代《モデルネ》の問題に関して最も強力で無敵の立場は、ヘーゲル右派の系譜に属するルーマンの社会システム論であろう、とハーバーマスは考える。ルーマンにおいては、主観的理性は根本的に批判され、自己意識的な超越論的主体は清算されて、近代的主体を支える理性もまたシステムの自動的な自己保存作用に道を譲って消えてしまうのであって、その意味ではポスト・モダンの目ざす近代的・主観的理性の批判は完遂されているのである。「こうして主観中心的理性はシステム合理性に取って代えられる。そして、これによって…形而上学と権力への批判として遂行された理性批判から〔この理性という〕対象は滑り落ちてしまう」のである。もちろんルーマンもまた近代化と合理化のなかの認知的・道具的な側面しか問題にしていないという点では、これらの理性批判の思想家たちと同じである、とハーバーマスは考える。そして彼は、主観中心的理性に対してコミュニケーション的理性を対置し、自己意識と自己反省の理論的枠組《パラダイム》に対して対話と了解の理論的枠組を対置し、近代《モデルネ》の問題を制御問題としてではなく、了解問題として捉えることを提唱する。そして彼は、この対話と了解の場としての生活世界の重要性に注意を促し、システムの合理的制御では代替できない意味資源の再生産を生活世界において確保するようなコミュニケーション的合理性の進展のうちに西欧近代のさらなる発展の展望を見出すのである。

ヘンリッヒの自己反省的主体

このようにハーバーマスは、近代の主観的な理性と自己反省的な主体を解体しようとするポスト・モダンの思想家たちを批判する。しかし、その一方で彼は、デカルトやカントによって確立されたこの主観的で自己反省的な理性的主体の特殊な存在論的位置を改めて要求する形而上学に対しても反対する。この点で俎上に挙げられるのは、ディーター・ヘンリッヒ（一九二七〜）であって、彼は、ドイツ観念論についての哲学史的研究とそれにもとづく哲学理論によって高い評価を受けている現代ドイツの哲学者である。近代的な自己反省的主体を解体しようとするポスト・モダンの思想に抗して、ヘンリッヒは、自己意識の反省によって直観的に経験される自我が存在すると主張する。すなわち自己意識を究極的な根拠として絶対的に確実なものとして与えられるこの自我は、自然的世界に対しては主体として、社会的世界に対しては人格として、二重の特殊な位置を占めている。そしてこのことは、科学的認識によらずに、哲学的認識によって形而上学的真理として捉えられるのである。

ハーバーマスは、このような方向性をもつ自己意識と主観性の哲学を批判するが、その議論は一九八八年の論文集『ポスト形而上学の思想』に示されている。それによれば、自我とか主体とか人格とかいったものは、自己意識や自己反省という孤独な独話《モノローグ》的過程によって基礎づけられもしないし、捉えられもしない。意思疎通《コミュニケーション》に関する言語学的研究やミードのプラグマティズムなどが論証しているように、自我や主体や人格といったものは、生活世界における言語的な意思疎通という対話《ディアローグ》過程にもとづいてようやく形成されるものであり、他者との意思疎通を媒介にしてはじめて捉えられるものである。個人の自我であれ、神のような巨大な主体であれ、とにかく自己意識や自己反省や哲学的思索のみによって基礎づけられたり捉えられたりする主観性・主体性は、ポスト・モダンの思想が主張しているように、解体されたのであって、その意味ではわれわれは、ポスト・モダンではなくポスト形而上学の段階に到っているのである。また、ヘンリッヒの哲学的見地のみならず、あらゆる哲学的見地や世界像は、孤独な哲学者の自己意識や内省のなかにあって真理性について防護されたものではあり得ず、意思疎通のなかで討論《ディスクルス》に付され、批判されて、変化していかざるを得ないのであって、その意味でもわれわれはポスト形而上学の段階にいるのである。

法と道徳

法と道徳における近代化・合理化　ハーバーマスは『コミュニケーション的行為の理論』や『近代の哲学的ディスクルス』において、ヴェーバーからフーコーに到る近代化論がヨーロッパ社会の近代化と合理化のひとつの側面にのみ注意を集中していることを批判してきた。すなわち、そこでは科学・技術に関わる真理性の価値領域と目的合理的な行為領域における合理化だけが特に注目されて論じられており、近代的な議会制度や普通選挙制度などを含む立憲民主主義的な法治国家の形成に示されているような法と道徳の領域における近代化と合理化は等閑に付されていたのである。しかし、ハーバーマスによれば、コミュニケーション的行為を支える妥当性要求のうちで規範的な正当性に関わる法と道徳の領域における近代化と合理化は、経済システムと国家・行政システムという相互行為の制度的枠組を規範的に正当化して支えるものである。さらにそれはまた、このコミュニケーション的行為とその妥当性要求を廻る討論《ディスクルス》のなかで意味資源が文化的に再生産される生活世界における文化的合理化の主要な内容をなすものであって、そのようなものとしてシステムにおける社会的合理化と生活世界における文化的合理化を媒介するものであった。したがってハーバーマスは、自らのコミュニケーション的行為の理論にもとづいて、この法と道徳の領域における近代化と合理化について本格的に説明することを自らの学問的な課題とするのである。

ハーバーマスの討議倫理学

一九八三年に出版された論文集『道徳意識とコミュニケーション的行為』において、ハーバーマスは、コミュニケーション的行為の理論にもとづいて、彼自身の討議《ディスクルス》倫理学を提起している。そして、K＝O・アーペルの還暦を記念して出版されたこの著書の序文において、彼は、討議倫理学の発想を展開するのを助けてくれたアーペルに対して三〇年にわたる学恩に感謝している。「現存する哲学者のうちで、私の思考の方向を長く規定したという点では、カール＝オットー・アーペルに優る存在はいない」と彼は述べている。

ハーバーマスによれば、ヴェーバーはヨーロッパ社会の近代化と合理化の過程が科学・技術と法・道徳と趣味・芸術という三つの文化的な価値領域を分離独立させたことを指摘したが、近代的理性のこのような分化に敏感に反応したのはカントであった。すなわちカントは、『純粋理性批判』と『実践理性批判』と『判断力批判』という三つの批判書において、これら三つの文化的な価値における妥当性の合理的な基準について論じたのである。そしてその際にカントは、近代化され合理化された倫理学の基本的な特徴をすでに提示している、とハーバーマスは考える。すなわち、カントが提示したような「認知主義《コグニティヴィズム》」的な倫理学は、良き生活という問題を切り離し、厳密に義務論的な、そして普遍化可能な局面に焦点を絞るようになり、結果として今では、善（das Gute）

カント

のなかでは公正（das Gerechte）だけが残るようになった」のである。そしてハーバーマスは、カントによってその基本的な骨格が与えられたこのような近代的な倫理学を、コミュニケーション的行為を支える妥当性要求についての討論《ディスクルス》の構造から根拠づけようとするのである。

形而上学や宗教によってもたらされる一定の世界像に依拠しない世俗的な道徳を普遍妥当的なものとして根拠づけることはできない、と現代イギリスの倫理学者アラスデア・マッキンタイア（一九二九〜）は主張する。したがって、彼によれば、道徳というものは、特定の共同体の特殊な文化的伝統を離れて、普遍妥当性を要求することはできないのである。このような共同体主義《コミュニタリアニズム》に対して、ハーバーマスは自由主義《リベラリズム》の旗色を鮮明にして、このような道徳を根拠づけることのできる認知主義《コグニティヴィズム》的倫理学を提示しようとする。それによれば、われわれは日常生活において、相手に怨みや怒りを抱いたり、相手の怨みや怒りを買ったりする。このことは、ハーバーマスによれば、コミュニケーション的行為が行なわれる際にはつねに規範的な正当性に関して妥当性要求が出されており、当事者たちは、必要とあらば、この妥当性要求が討論《ディスクルス》に付されて、納得いくかたちで論証されるべきだと考えていることを示している。したがって、この討論の形態を検討していけば、その妥当性要求が合理的なかたちで普遍的に承認されうるような道徳的規範の性格を明らかにすることができる、と彼は考える。そして、すでに述べたように、コミュニケーション的行為の概念のなかには、その妥当性要求が無制限的で自由な理想的な条件の下で討論されるべきだということが「理想的な発話状況」の理念として組み込まれている。この理念によれば、規範の正当性に関する討論には、いかなる人でも参加することができて、どのような主張でも行なうことができて、議論自体のもつ合理的な説得力以外のいかなる強制にも服する必要がないと考えられる。そうなると、規範の正当性に関する妥当性要求を討論を通じて満足させようとする者は、必然的に普遍化原則を受け入れざるを得なくなる、とハーバーマスは論ずる。この原則とは、「係争中の当の規範に全ての人が従った時に、全ての個人のひとりひとりの利害関心の充足にとって生ずると予期される結果や随伴結果を、全員が強制なしに受け入れる、ということである。」そして、カントの道徳法則の第一定式に似たこの普遍化原則が、コミュニケーション的行為に関する普遍的語用論によって根拠づけられるならば、ハーバーマスによって討議《ディスクルス》倫理学は次のようなきわめて簡潔な原則にまとめられることになる。すなわちそれは、「全ての関与者が、実践的討論《ディスクルス》の参加者として同意を与えた（与えるであろう）規範のみが妥当性を要求しうる、ということである。」こうして討議《ディスクルス》倫理学は規範的正当性に関する妥当性要求の承認手続きにもっぱら関わるものであって、その意味で形式的である、とハーバーマスは述べている。そして、それ故にこの討議《ディスクルス》倫理学は、特定の共同体の文化的伝統に限定されない普遍妥当的な規範を根拠づけられるのである。

道徳と倫理、正義と善　ハーバーマスは、このような討議《ディスクルス》倫理学を基礎づける際に、道徳と倫理、あるいは正義と善との関係についても考察している。それによれば、討議《ディスクルス》倫理学が根拠づけるのは、良き生活について多様な価値観を持って生活している人々が共同生活を送る際に、自らに道徳的に許されていると見なすことのできる行為規範の基準を提供するものであって、そこでは良き生活に関する諸価値の妥当性は考慮の外に置かれていた。そして、行為の規範的正当性に関する道徳的な討論《ディスクルス》は、つねにこの生活理想に関する諸価値と善についての暗黙の合意という地平の外部で行なわれていると考えられていた。つまり近代化と合理化とともに、正義と善、規範と価値は、別々の問題として互いに分離されてくるのである。「ひとつは道徳的な問題であり、これは利害関心の普遍化可能性の観点、あるいは正義の観点から原則的には合理的な解決が可能なものである。そしてもうひとつは価値評価的な問題であり、これは、最も普遍的な側面においては良き生への（あるいは自己実現への）問いとして現れ、歴史的で具体的な生活形式や諸個人の生活態度の疑問の余地なき地平の内部でのみ、合理的な討究が可能なものである。」

マッキンタイアのような共同体主義《コミュニタリアニズム》によれば、古代ギリシャの哲学者アリストテレスが『ニコマコス倫理学』においてその概略を述べたように、正義についての道徳的な討論《ディスクルス》というものは、生活目標としての善に関する倫理的な合意を背景としていて、その基礎の上でしか行なわれ得ない。したがって道徳的な事柄は倫理的な事柄と不可分に織り合わされていて、明確に分離されうるものではない。そのために生活目標としての良き生に関する倫理的な問題について根本的な意見の食い違いが存在するところでは、近代的な道徳の問題とされる正義の問題に関する合理的な討論《ディスクルス》もまた不可能なのである。マッキンタイアは一九八一年の『美徳なき時代』や一九八八年の『誰の正義、いずれの合理性』といった著作において、このような立場からハーバーマスらの自由主義《リベラリズム》の普遍主義的倫理学を批判していた。

すでに述べたように、ハーバーマスは『道徳意識とコミュニケーション的行為』においては、正義と善、規範と価値との区別を指摘するに留まっていて、この両者の問題領域が近代化とともにいかに区別され、いかなるかたちで媒介されているかということについては詳しく論じていなかった。しかし彼は、一九九一年の論文集『討議《ディスクルス》倫理学への註解』や一九九六年の論文集『他者を包含すること』におけるジョン・ロールズへの批判になると、この点を明確にして自らの自由主義《リベラリズム》の倫理学を展開していくことになった。ハーバーマスは、正義に関わる道徳的討論《ディスクルス》と、集団的同一性の形成に導く倫理的な討論とを明確に区別し、前者は規範の正当性の妥当性要求に関わるのに対して、後者は言明の真実性の妥当性要求に関わると見なす。また彼によれば、コミュニケーション的行為の上にその反省形態として形成される討論のうちには、平等と福祉の理念とともに、すでに正義と連帯の理念が組み込まれている。そして、そのことによってわれわれは、正義に関して道徳的な討論を行なうことができるのであって、この討論において諸個人の抱く多様な善の諸価値を互いに可能な限り尊重するというかたちで、各自の行為の規範的な正当性を討議倫理学の普遍化原則によって合理的に根拠づけることができるのである。たとえ宗教や言語や慣習が根本的に異なっても、ガダマーの解釈学が示しているように、われわれは異質な世界観を基本的に了解しうるのであって、このような諸地平の融合にもとづいて、われわれは、異質な生活形態の並存を可能とするような正義の原則について、原理的にはつねに合理的なかたちで合意に達することができるのである。

この点でハーバーマスは、このアメリカの政治学者ジョン・ロールズの正義論が充分に普遍主義的ではないと批判する。ロールズは一九七一年に『正義論』を出版して、カントの道徳・政治理論を継承するかたちで、近代社会において普遍的に合意されうる正義の原則を提示したが、その後に批判を受けて自らの立場を修正し、一九九三年の『政治的自由主義』においては、共同体主義《コミュニタリアニズム》に歩み寄った。すなわち彼は、自らの正義の原則が純粋に合理的に根拠づけられうるものではなく、市民間に実際に存在している重複せる合意に依拠するものであって、この合意それ自体は多分に偶然的な条件の下に近代ヨーロッパに歴史的に成立したものであることを認めたのである。これに対してハーバーマスは、ロールズの正義論の当初の構想が維持できなくなったのは、正義の原則の基礎づけに当たってコミュニケーション的合理性が考慮されていないためであると指摘する。そして彼は、自らの討議《ディスクルス》倫理学の手続き主義《プロツェデュアリスムス》を徹底させて、いかなる宗教的・形而上学的な世界観からも独立して、普遍化原則にもとづいて正義の原則について討論《ディスクルス》を通じて合理的な合意に到達する可能性を擁護するのである。

法と道徳における事実性と妥当性

さらにハーバーマスは、道徳と倫理、正義と善とを討議《ディスクルス》倫理学のなかでこのように明確に区別するとともに、両者の関係についても説明を与える。それによれば、善に関する討論《ディスクルス》はもっぱら倫理学の領域に限定されるが、正義に関する道徳的な討論は法の制定へと導くものであって、法律学と政治学の領域に関連している。つまり、近代的な正義の原則は諸個人の多様な生活形態が互いに平和裡に両立しうるように、一定の行為が道徳的に要請される公共的領域と、行為が各人の価値にもとづいて自由に行なわれる私的領域との境界線を定める。その際にこの境界線は完全に確定されたものではなくて、つねに流動して、不断に修正されていくものである。しかし、それにもかかわらず、この境界線は、討論を通じて行為の規範的な正当性を普遍化原則にもとづいて根拠づけることによって、そのつどつねに合意されて定められ、実定法によって取り決められて、その尊重が政治権力によって保証されるのである。こうして、根本的に異なった宗教や形而上学にもとづく討論は道徳の問題についての理性的合意をもたらし得ないという批判に対して、ハーバーマスは反論する。この理性的合意は実定法の妥当性に関する合理的な合意にもとづいて、そのつど事実としてもたらされうるのである。パースのプラグマティズムによれば、科学的認識の真理は、自由な討論のなかで批判されて、無限に修正されていくものであって、その意味では不完全で絶対的なものではないが、それにもかかわらず、そのつどの時点で特定の認識はその真理の妥当性要求について普遍的に承認されて、真理として現実に通用する。それと同じように、現代の民主主義的な法治国家の法律も、討議《ディスクルス》倫理学が基礎づける普遍化原則にもとづく正義原則をそのつど実効力ある実定法のかたちで実現したものだと考えられるのである。この意味で、真理性や正当性の妥当性要求に関する現実の討論のうちには、事実性と妥当性の間の緊張がつねに置かれている、とハーバーマスは指摘している。

近代の法治国家における法と道徳の問題をこの事実性と妥当性との緊張関係の問題として論ずることが、一九九二年に出版された『事実性と妥当性』の主題である。六百ページを越えるこの大著は、ヘーゲルの著作のなかで一八二〇年の『法の哲学』が占めているのと似たような位置を、ハーバーマスの著作のなかで占めていると考えられる。この本のなかでハーバーマスは、コミュニケーション的行為の理論にもとづいてカントの実践哲学を新たなかたちで再建し、さらにコミュニケーション的行為の理論が現実に眼を閉ざしているという批判に反論しようとしている。また彼は、そこにおいて法理論における規範主義と客観主義、観念論的法学と実証主義的法学の二者択一を乗り越え、さらに法に関する政治的討論《ディスクルス》を媒介項としてシステムと生活世界との関係を明らかにしようとしている。

ハーバーマスによれば、生活世界の背景的知識においては事実性と妥当性は融合しているが、同じように前近代的な社会の制度や宗教や世界観においても事実性と妥当性は融合している。しかし近代になると、文化的合理化の一環として、科学的認識においても、法的規範においても、事実性と妥当性は分離してくる。すなわち、そのつど真理や正義として実際に通用している科学的認識や法律は、それが自由な討論《ディスクルス》を通じて真理や正義として合意され、さらにいつでも自由な討論に付されて、その妥当性について吟味され、必要とあれば速やかに訂正されるということによってはじめて、現実に通用しているという事実性の他に妥当性を持つことができるのである。近代法はこのようなかたちで事実性と妥当性との緊張関係を含んでおり、その限りにおいて民主主義的な立法原理をつねに自らのうちに含んでいるのである。また、そのようなものとして近代法の原理は、正義に関する道徳的原理と立法に関する民主主義的原理とを媒介するものなのである。あるいは、近代の民主主義的な法治国家の原理が人権と国民主権であるということのうちには、個々の市民の自由な討論による法の妥当性の確保と国家権力による法の実効力ある事実性の確保という近代法の二重の要請が反映しているのである。ハーバーマスによれば、これまでの近代的政治体制についての理論においては、人権についての自由主義的原理と国民主権についての共和主義的原理との関係が明確ではなかった。コミュニケーション的行為の理論にもとづくコミュニケーション的合理性の概念にしたがって近代法をこのように捉えることによってようやく、近代的憲法における人権と主権の必然的な関連を理解できるようになる、とハーバーマスは論ずる。また、これまでの彼にとっては討議《ディスクルス》倫理学における普遍化原理と道徳理論における正義原理は必ずしも明確に区別されてこなかったが、これらも明確に区別されることになった。すなわち前者は行為規範の普遍妥当性を確保することをもっぱら問題とするのに対して、後者はこの普遍妥当的な行為規範が正義に適ったものとして実定法として実効力をもつことをも保証しようとするものであって、その限りでは法制度によって必然的に補完されているのである。

こうしてヴェーバーやフーコーによって等閑に付された法と道徳の領域における近代化と合理化の局面が、コミュニケーション的行為の理論と討議《ディスクルス》倫理学の基礎から解明される。近代国家においては、民主主義的で自由な討論《ディスクルス》という非人称的な過程のうちに国家主権が示されているのであり、このような主権をもって統治する民主主義的な法治国家こそが近代的で合理化された国家である。そしてこのような国家は、必然的に自立的な公共性を確保し、政党間の自由な競争にもとづく政治的多元主義と議会制度と三権分立を保証することになるが、それは、さまざまな機能圏において多様な生活理想を追求する諸個人の自由な討論《ディスクルス》によって生み出される法的規範の妥当性が、このような国家の正当性と統治能力を保証するからである。こうしてハーバーマスは、コミュニケーション的行為の理論にもとづいて、近代的で民主主義的な法治国家の理念を近代《モデルネ》のプロジェクトの一環として提示する。それは、ルーマンの社会システム論的な国家論・法論の場合とは異なって、法的規範とコミュニケーション的合理性とを統合することによって、システムの正当性を支える妥当性を生活世界からできる限り豊富に汲み上げようとする民主主義的な国家の理念である。最初期の『学生と政治』において問題とされた民主主義の理念は、このように明確化されることになった。

＊　＊　＊

自然主義と宗教の間　近代的で民主主義的な法治国家は自由な討論にもとづくコミュニケーション的合理性によって支えられているが、ハーバーマスはこの合理性を脅かす二つの脅威を認める。一方では科学技術《テクノロジー》の発展が特に遺伝子工学というかたちで人間の身体という自然をも操作対象とすることによって、人類の在り方を根本的に変様させつつある。他方では宗教がふたたび影響力を回復し、しかも原理主義的に尖鋭化されつつある。「二つの相反する傾向が時代の精神的状況を特徴づけている——すなわち、自然主義的な世界像の拡大と宗教的正統主義（Orthodoxien）の増大する政治的影響である。」これらの傾向はいずれもコミュニケーション的合理性を破壊してしまう危険性があると彼は警告する。不寛容で暴力的な宗教的正統主義においてそれは明白であるが、科学技術《テクノロジー》にもとづく自然主義もまた、将来の世代の遺伝形質を工学的に改変してしまうことによって、彼らとのコミュニケーション的な相互関係を一方的に破壊してしまうのである。これら二つの脅威の間にあってハーバーマスは、ユダヤ教や仏教や儒教などの偉大な世界宗教の遺産についての人類の共通理解のうちに、ヨーロッパ文明がもたらした近代という未完のプロジェクトのための推進力を求めているように思われる。

あとがき

「連邦共和国を西側の政治文化に留保なく打ち開いたこと、このことは、戦後のわれわれの時代が獲得した大きな知的成果である。他ならない私の世代の人間は、そのことに誇りをもっていいように思う。」ハーバーマスは、歴史家論争に際して発表した評論のなかで、このように述べているが、このことは、ハーバーマス自身の思想に特に当て嵌まるものである。第二次世界大戦までのドイツ文化と、西ヨーロッパや特にアメリカの文化との間には、深い溝が存在していた。ナチスの迫害を逃れてアメリカに亡命したホルクハイマーやアドルノが、かの地の大衆文化になじめずに戦後になってドイツに帰還したのも、結局はこの文化的風土の違いが原因であった。そして、実証主義論争などを経て、ハーバーマスは、この文化的な隔たりをほぼ完全に克服し、ドイツの哲学と社会科学を、西ヨーロッパと特にアメリカの哲学と社会科学に完全に連繫させることになったと言えよう。特に彼はアメリカの知的風土に親近感を抱いていて、一九八五年のインタヴューでは次のように述べている。「…私は事実として、アメリカ人たちと同様に、一八世紀にさかのぼるアメリカの政治文化を優れたものと見なしています。知的な開放性やいつでも議論のできる能力、偏見のなさと社会参加とが混じり合って形成されたこの特質は、ここヨーロッパよりもむしろアメリカの学生たちに見られるものです。」

したがって一九九九年のハーバーマスの古稀の誕生日を記念して発表された多くの評論のなかで、アメリカの哲学者リチャード・ローティ（一九三一〜二〇〇七）が、ハーバーマスとアメリカの知的世界との深い繋がりを指摘しているのは、しごく当然のことである（『フランクフルター・ルントシャウ』誌・一九九九年六月一八日）。ローティによれば、「ハーバーマスは、アメリカとアメリカの知的生活を真剣に受け取る用意をして、多くの時間を合衆国で過ごし、…著名なアメリカの哲学者たちと親密な関係を築いた」のであって、「同時代人のうちで彼ほどドイツとアメリカの知識人と両国の社会民主主義的左翼の間の橋わたしをした者はいない」のである。そして彼は、ハーバーマスがアメリカにおいて、プラグマティズムの哲学者ジョン・デューイ（一八五九〜一九五二）のように、学問的だけでなく、政治的にも広範な影響を及ぼしていることを指摘し、「ハーバーマスが多くの点でデューイの後継者である」と述べている。

デューイは、新大陸へ亡命してきたレオン・トロツキーをソ連の共産主義者たちの迫害から守ろうとしたことがあったが、マルクス主義は、アメリカとドイツの知的世界を分断してきたひとつの要素であった。そしてハーバーマスは、アメリカの知的世界とそのプラグマティズム的な知的伝統との繋がりを深めるなかで、伝統的なマルクス主義の教説の殆どを否定していった。ただし彼は、マルクス主義の教説のうちのどの部分を何故に放棄するのかについて、つねに明確な説明を行なっていった。言い換えれば、彼はマルクス主義の旗を掲げて後衛戦を行ないながら、一歩ずつ退却していった。日本でも六〇年代末の学生反乱の頃までは、多くのマルクス主義的知識人がいたが、その後にハーバーマスのような知的態度をとった人々は、皆無ではないとしても、きわめて稀であったと言ってよい。著者（村上）自身も含めて、多くの人々はいつの間にか私的事情から研究分野を変えていったのであり、少数の人々は相変らずマルクス主義の教説に固執して、ハーバーマスの知的変節を批判しているのである。しかし、社会理論の現実的有効性を絶えず検証しながら、その教説をつねに修正・訂正していくと同時に、かつての学問的信念が維持できなくなった理由をそのつど明確に説明していくということは、知的作業に従事する者の社会的責任と言えよう。この意味で、ハーバーマスはひとつの模範を提示している。そして、まさにそれ故に、彼はマルクス主義の旗を降ろすことなく、現代社会についてのマルクス主義的批判の殆ど唯一の可能性を示していると言えよう。

◇　◇　◇

本書は、小牧氏がその原稿を書き始めましたが、半分以上を書いたところで病を得たため、わたしが後の仕事を引き継ぎました。本書の原稿について、わたしが小牧氏と最終的な検討を行なったのは、二〇〇〇年の五月でしたが、その後一か月ほどして、小牧氏は他界されました。氏の三〇年にわたる学恩に深く感謝し、二人の最後の共同作業となった本書を見ることなく逝去された氏に哀悼の意を表したいと思います。

本書の成立に当たって、多くの資料を提供された藤野寛氏、多くの事柄について討論に応じられた豊泉周治氏、言語学について教えて下さった北村一郎氏に感謝いたします。また、本書の出版について、著者たちのわがままな要求に応えて下さった清水書院編集部の荻原精一氏、村山公章氏、徳永隆氏、杉本佳子氏、そして執筆を励まして下さった清水幸雄氏に感謝いたします。

＊　＊　＊

本書の初版が二〇〇一年に出版されてからもハーバーマスはなお活発に活動して自らの思想を展開している。したがって新版では文献目録などを増補して最近の動向を可能なかぎり追跡しようと心がけた。

多民族を抱えた近代的な民主主義国家という政治体制は、まず新大陸にアメリカ合衆国として形成された後、旧大陸ではＥＵ（ヨーロッパ連合）として形成されつつある。ハーバーマスはアメリカ合衆国の哲学者たちから大きな影響を受けてきたが、現在の彼はＥＵという政治統合を支える哲学的理念の体現者としての役割を果たしているように思われる。アメリカ合衆国とＥＵがともに困難な問題を抱えながら今後いかなる道を歩んでいくのかということに人類の未来は大きく懸っているように思われるが、ハーバーマスの哲学はその道標になっていると言えよう。

新版にあたってお世話になった清水書院編集部の中沖栄氏に感謝いたします。

ハーバーマス年譜

西暦	年齢	年譜	参考事項
一九二九		六月一八日、デュッセルドルフに生まれる。近郊の小都市グマースバッハに育つ 父はこの地の商工業会議所会頭	
三三	4		ヒトラー内閣成立
三四	5		ヒトラー総統となる
三九	10		第二次世界大戦はじまる
四〇	11		ベンヤミン自殺
四五	16		ドイツ軍無条件降伏 日本無条件降伏 第二次世界大戦終結
四七	18		ホルクハイマー、アドルノ『啓蒙の弁証法』
四八	19		ベルリン封鎖開始

四九	20	グマースバッハのギムナジウム卒業試験に合格後、ゲッティンゲン、チューリッヒ、ボンの各大学で、哲学、社会学、心理学を学ぶ	フランクフルト、社会研究所再建 ドイツ連邦共和国成立 ドイツ民主共和国成立 ベルリン封鎖解除
五四	25	博士論文「絶対者と歴史 - シェリングの思想における分裂について」をボン大学に提出	
五五	26	ウーテ・ヴェッセルヘフトと結婚	
五六	27	フランクフルト社会研究所に所属 アドルノの助手となる（〜五九）	
五九	30	フランクフルト社会研究所を去る	
六一	32	『公共性の構造転換』によってマールブルク大学ヴォルフガング・アーベントロートの下で教授資格をとる ハイデルベルク大学助教授（哲学科） 『学生と政治』刊行	「ベルリンの壁」構築
六二	33	『公共性の構造転換』刊行	
六三	34	『理論と実践』刊行	

六四	35	フランクフルト大学正教授に就任（〜七一）（哲学及び社会学担当）	マルクーゼ『一次元的人間』
六六	37		アドルノ『否定弁証法』 CDU・CSUとSPDの大連立政権
六七	38	『社会科学の論理によせて』刊行	ホルクハイマー『道具的理性批判』
六八	39	『イデオロギーとしての技術と科学』『認識と関心』刊行	西ドイツの学生運動高揚 フランス五月革命
六九	40	社会研究所長（〜七一）。『ドイツ社会学における実証主義論争』（邦訳『社会科学の論理』）刊行	アドルノ死去 SPDとFDPの小連立政権、西ドイツによる東方政策
七一	42	学生たちとの激しい対立論争に明けくれる生活のため大学を去る。物理学者、C・F・v・ヴァイツゼッカーとともに、マックス・プランク研究所（正式には「科学的・技術的世界の生活条件の研究のためのマックス・プランク研究所」）（シュタルンベルク）所長に就任（〜八一）	

七三	44	『批判理論と社会システム論』『哲学的・政治的プロフィール』『理論と実践』（新版）刊行 『後期資本主義における正統化の諸問題』 『文化と批判』刊行	第一次石油危機 ホルクハイマー死去
七四	45	シュツットガルト市よりヘーゲル賞を授与される	SPD政権
七六	47	『史的唯物論の再構成に向けて』刊行	
七七	48		ドイツ赤軍派のテロ活動が活発化する
八〇	51	フランクフルト市よりアドルノ賞を授与される	緑の党（全国政党）結成
八一	52	「マックス・プランク研究所」を辞職 『コミュニケーション的行為の理論』刊行 『政治小論集（I～IV）』刊行 初来日	反核運動各地におこる
八二	53		CDU政権
八三	54	『道徳意識とコミュニケーション的行為』刊行 フランクフルト大学教授に就任	

八四	55	『コミュニケーション的行為論のための予備研究と補遺』刊行	
八五	56	『近代の哲学的ディスクルス』刊行 『新たなる不透明性、政治小論集Ⅴ』刊行	
八七	58	『一種の損害補償、政治小論集Ⅵ』刊行	
八八	59	『ポスト形而上学の思想』刊行	
八九	60		ベルリンの壁撤去 東欧の革命始まる
九〇	61	『公共性の構造転換』（新版）刊行 『遅ればせの革命、政治小論集Ⅶ』刊行	東西ドイツの統一
九一	62	『未来としての過去』『討議倫理学への註解』刊行	ソ連邦解体
九二	63	『事実性と妥当性、法と民主主義的法治国家の討議理論のための論考』刊行	
九三	64	来日	
九四	65	フランクフルト大学を退職し、同大学名誉教授となる	

九五	66	『ベルリン共和国の正常性、政治小論集Ⅷ』刊行
九六	67	『他者を包含すること、政治理論のための研究』刊行
九九	70	『真理と正当化、哲学論文集』刊行
二〇〇一	72	『移行の時代、政治小論集Ⅸ』刊行 『人間の将来とバイオエシックス』刊行
〇四	75	『引き裂かれた西洋、政治小論集Ⅹ』刊行
〇五	76	『自然主義と宗教の間、哲学論文集』刊行
〇六	77	『ああ、ヨーロッパ、政治小論集Ⅺ』刊行
〇九	80	『哲学テクスト』五巻刊行
一三	84	『技術至上主義の吸引力、政治小論集Ⅻ』刊行

参考文献

●ハーバーマスの著作の翻訳

『公共性の構造転換』細谷貞雄訳、第二版――未来社　一九九四
『理論と実践』細谷貞雄訳、改訂版――未来社　一九九九
『イデオロギーとしての技術と科学』長谷川宏訳――紀伊國屋書店　一九七〇
『認識と関心』奥山次良他訳――未来社　一九八一
『哲学的・政治的プロフィール』小牧治他訳、二巻――未来社　一九八六
『晩期資本主義における正当化の諸問題』細谷貞雄訳――岩波書店　一九七九
『史的唯物論の再構成』清水多吉監訳――法政大学出版局　二〇〇〇
『社会科学の論理によせて』清水多吉他訳――国文社　一九九一
『コミュニケーション的行為の理論』河上倫逸他訳、三巻――未来社　一九八七
『道徳意識とコミュニケーション行為』三島憲一他訳――岩波書店　一九九一
『意識論から言語論へ』森元孝他訳――マルジュ社　一九九〇
『近代の哲学的ディスクルス』三島憲一他訳、二巻――岩波書店　一九九〇
『新たなる不透明性』河上倫逸監訳――松籟社　一九九五
『ポスト形而上学の思想』藤澤賢一郎他訳――未来社　一九九〇
『遅ればせの革命』三島憲一他訳――岩波書店　一九九二
『未来としての過去』河上倫逸他訳――未来社　一九九二

『近代――未完のプロジェクト』三島憲一訳――岩波書店　二〇〇〇
『事実性と妥当性』河上倫逸他訳、二巻――未来社　二〇〇二
『他者の受容』高野昌行訳――法政大学出版局　二〇〇四
『人間の将来とバイオエシックス』三島憲一訳――法政大学出版局　二〇〇四
『討議倫理〈新装版〉』清水多吉他訳――法政大学出版局　二〇〇五
『テクストとコンテクスト』佐藤嘉一他訳――晃洋書房　二〇〇六
『引き裂かれた西洋』大貫敦子他訳――法政大学出版局　二〇〇九
『ああ、ヨーロッパ』三島憲一他訳――岩波書店　二〇一〇
『自然主義と宗教の間』庄司信他訳――法政大学出版局　二〇一四

●ハーバーマスの共著等の翻訳

『社会科学の論理、ドイツ社会学における実証主義論争』アドルノ／ポパー他著、城塚登他訳――河出書房新社　一九七九
『批判理論と社会システム論』ハーバーマス、ルーマン著、佐藤嘉一他訳、二巻――木鐸社　一九八六
『法制化とコミュニケイション的行為』河上倫逸他編――未来社　一九八七
『過ぎ去ろうとしない過去、ナチズムとドイツ歴史家論争』J・ハーバーマス／E・ノルテ他著、徳永恂他訳――人文書院　一九九五
『マルチカルチュラリズム』エイミー・ガットマン編、佐々木毅他訳――岩波書店　一九九六

『法と正義のディスクルス、ハーバーマス京都講演集』ユルゲン・ハーバーマス著、河上倫逸編訳 未来社 一九九九
『テロルの時代と哲学の使命』J・ハーバーマス、ジャック・デリダ他著、藤木一勇他訳 岩波書店 二〇〇四
『ポスト世俗化時代の哲学と宗教』J・ハーバーマス、ヨーゼフ・ラッツィンガー他著、三島憲一訳 岩波書店 二〇〇七

●ハーバーマスの著作の原典

● (mit L. von Friedeburg, C. Oehler u. F. Weltz) *Student und Politik. Eine soziologische Untersuchung zum politischen Bewußtsein Frankfurter Studenten* (Luchterhand : 1961)
● *Strukturwandel der Öffentlichkeit. Untersuchungen zu einer Kategorie der bürgerlichen Gesellschaft* (Luchterhand : 1962, Neuaufl. Suhrkamp : 1990)
● *Theorie und Praxis. Sozialphilosophische Studien* (Luchterhand : 1963, Neuaufl. Suhrkamp : 1971)
● *Zur Logik der Sozialwissenschaften* (Suhrkamp : 1967, Neuaufl. 1982)
● *Technik und Wissenschaft als ›Ideologie‹* (Suhrkamp : 1968)
● *Erkenntnis und Interesse* (Suhrkamp : 1968, Neuaufl. 1973)
● *Protestbewegung und Hochschulreform* (Suhrkamp : 1969)
● (mit Th. W. Adorno, H. Albert, R. Dahrendorf, H. Pilot u. K. R. Popper) *Der Positivismusstreit in der deutschen Soziologie* (Luchterhand : 1969)

● *Philosophisch-politische Profile* (Suhrkamp : 1971, Neuaufl. 1981)
● (mit Niklas Luhmann) *Theorie der Gesellschaft oder Sozialtechnologie-Was leistet die Systemforschung* (Suhrkamp : 1971)
● (mit K.-O. Apel, C. v. Bormann, R. Bubner, H.-G. Gadamer, u. H.-J. Giegel) *Hermeneutik und Ideologiekritik* (Suhrkamp : 1971)
● (mit Dieter Henrich) *Zwei Reden. Aus Anlaß des Hegel-Preises* (Suhrkamp : 1974)
● *Kultur und Kritik. Verstreute Aufsätze* (Suhrkamp : 1973)
● *Legitimationsprobleme im Spätkapitalismus* (Suhrkamp : 1973)
● *Zur Rekonstruktion des Historischen Materialismus* (Suhrkamp : 1976)
● *Politik, Kunst, Religion. Essays über zeitgenössischen Philosophen* (Reclam : 1978)
● *Theorie des kommunikativen Handelns,* 2 Bde. (Suhrkamp : 1981)
● *Kleine Politische Schriften* (*I-IV*) (Suhrkamp : 1981)
● *Moralbewußtsein und kommunikatives Handeln* (Suhrkamp· ·1983)
● *Vorstudien und Ergänzungen zur Theorie des kommunikativen Handelns* (Suhrkamp : 1984)
● *Der philosophische Diskurs der Moderne. Zwölf Vorlesungen* (Suhrkamp : 1985)
● *Die neue Unübersichtlichkeit. Kleine Politische Schriften V* (Suhrkamp : 1985)
● *Eine Art Schadensabwicklung. Kleine Politische Schriften VI* (Suhrkamp : 1987)
● *Nachmetaphysische Denken* (Suhrkamp : 1988)
● (hrsg. v. M. Haller) *Vergangenheit als Zukunft. Das alte Deutschland im neuen Europa. Ein*

Gespräch mit Michael Haller (Pendo : 1991)
● *Die nachholende Revolution. Kleine Politische Schriften VII* (Suhrkamp : 1990)
● *Die Moderne—Ein unvollendetes Projekt. Philosophisch-Politische Aufsätze* (Reclam : 1990)
● *Texte und Kontexte* (Suhrkamp : 1991)
● *Erläuterungen zur Diskursethik* (Suhrkamp : 1991)
● *Faktizität und Geltung. Beiträge zur Diskurstheorie des Rechts und des demokratischen Rechtsstaats* (Suhrkamp : 1992)
● *Die Normalität einer Berliner Republik. Kleine Politische Schriften VIII* (Suhrkamp : 1995)
● *Die Einbeziehung des Anderen. Studien zur politischen Theorie* (Suhrkamp : 1996)
● *Vom sinnlichen Eindruck zum symbolischen Ausdruck. Philosophische Essays* (Suhrkamp : 1997)
● *Die postnationalle Konstellation. Politische Essays* (Suhrkamp : 1998)
● *Wahrheit und Rechtfertigung. Philosophische Aufsätze* (Suhrkamp : 1999)
● *Zeit der Übergänge. Kleine Politische Schriften IX* (Suhrkamp : 2001)
● *Die Zukuft der menschlichen Natur. Auf dem Weg zu einer liberallen Eugenik* (Suhrkamp : 2001)
● *Kommunikatives Handeln und detranszendentalisierte Vernunft* (Reclam : 2001)
● *Der gespaltene Westen. Kleine Politische Schriften X* (Suhrkamp : 2004)
● *Zwischen Naturalismus und Religion. Philosophische Aufsätze* (Suhrkamp : 2005)
● (mit Josepf Ratzinger) *Dialektik der Säkularisierung. Über Vernunft und Religion* (Herder : 2005)
● *Ach, Europa. Kleine Politische Schriften XI* (Suhrkamp : 2006)

●*Philosophische Texte, 5 Bände* (Suhrkamp : 2009)
●*Zur Verfassung Europas. Ein Essay* (Suhrkamp : 2011)
●*Nachmetaphysisches Denken II. Aufsätze und Repliken* (Suhrkamp : 2012)
●*Im Sog der Technokratie. Kleine Politische Schriften XII* (Suhrkamp : 2013)

●ハーバーマスに関する参考文献

『マルクスからヘーゲルへ』G・リヒトハイム著、小牧治他訳――未来社　一九七六
『ハーバーマスの社会理論』山本啓著――勁草書房　一九八〇
『社会と歴史、批判理論の批判』M・トイニッセン著、小牧治他訳――未来社　一九八一
『ハーバーマスと現代』藤原保信・三島憲一・木前秋前編――新評論　一九八七
『フランクフルト学派再考』徳永恂編著――弘文堂　一九八九
『ユルゲン・ハーバマス』M・ピュージ著、山本啓訳――岩波書店　一九九三
『ハーバマスを読む』吉田傑俊・尾関周二・渡辺憲正編――大月書店　一九九五
『ハーバーマス』中岡成文著――講談社　一九九六
『ハーバーマスとアメリカ・フランクフルト学派』M・ジェイ編、竹内真澄監訳――青木書店　一九九七
『啓蒙のイロニー、ハーバーマスをめぐる論争史』矢代梓著――未来社　一九九七
『ハーバーマスと公共圏』C・キャルホーン編、山本啓・新田滋訳――未来社　一九九九
『ハーバーマスの社会理論』豊泉周治著――世界思想社　二〇〇〇

●Thomas McCarthy, *The Critical Theory of Jürgen Habermas* (MIT Pr. : 1978)

●Martin Jay, *Marxism and Totality. The Adventures of a Concept from Lukács to Habermas* (U. of California Pr. : 1984)

●David M. Rasmussen, *Reading Habermas* (Basil Blackwell : 1990)

●Walter Reese-Schäfer, *Jürgen Habermas* (Campus Verlag : 1991)

●Detlef Horster, *Jürgen Habermas* (J. B. Metzlersche Verlagsbuchhundlung : 1991)

●William Outhwaite, *Habermas. A Critical Introduction* (Polity Pr. : 1994)

●Rolf Wiggershaus, *The Frankfurt School,* trans. by M. Robertson (Polity Pr. : 1994)

●Detlef Horster, *Habermas zur Einführung* (Junius : 1995)

●その他の参考文献

『戦後ドイツ、その知的歴史』三島憲一著――――岩波書店　一九九一

さくいん

【人　名】

【事　項】

ハーバーマス■人と思想176　　定価はスリップに表示

2001年3月5日　第1刷発行©
2015年9月10日　新装版第1刷発行©
2021年9月10日　新装版第2刷発行

・著　者　……………………小牧《こまき》　治《おさむ》／村上《むらかみ》　隆夫《たかお》
・発行者　……………………………野村久一郎
・印刷所　………………………大日本印刷株式会社
・発行所　………………………株式会社　清水書院

〒102-0072　東京都千代田区飯田橋3-11-6
Tel・03(5213)7151～7
振替口座・00130-3-5283
http://www.shimizushoin.co.jp

検印省略
落丁本・乱丁本はおとりかえします。

CenturyBooks

Printed in Japan
ISBN978-4-389-42176-2

CenturyBooks

清水書院の〝センチュリーブックス〟発刊のことば

近年の科学技術の発達は、まことに目覚ましいものがあります。月世界への旅行も、近い将来のこととして、夢ではなくなりました。しかし、一方、人間性は疎外され、文化も、商品化されようとしていることも、否定できません。

いま、人間性の回復をはかり、先人の遺した偉大な文化を継承して、高貴な精神の城を守り、明日への創造に資することは、今世紀に生きる私たちの、重大な責務であると信じます。

私たちがここに、「センチュリーブックス」を刊行いたしますのは、人間形成期にある学生・生徒の諸君、職場にある若い世代に精神の糧を提供し、この責任の一端を果たしたいためであります。

ここに読者諸氏の豊かな人間性を讃えつつご愛読を願います。

一九六七年

清水信雄

SHIMIZU SHOIN